人生が豊かになる感性の育て方

Enjoy the little things every day

ライフスタイルプロデューサー
Wako 著

イースト・プレス

はじめに

この本を手にとっていただきありがとうございます。最初に出版のお話をいただいたときには「人生を豊かにする感性の育て方」なんて、そんなたいそうなテーマについて私は何を語れるのか？と不安半分、わくわく半分でした。でも、お題をいただき考えて、自分と向き合い、新しい自分を発見したり、「これでいいのか！」と自分を認めたり。おかげさまで私にとってもたくさんの学びになりました。

以前は、人間関係、仕事、掃除、料理、といろいろなことに対して「こうじゃなきゃだめなんだろうなあ」という思い込みがあり無理をしていたときもありましたが、あるときに「こうじゃなきゃいけないことはない。まずは自分の幸せを一番に考えよう」と気持ちを切り替えてからは、人生がグッと楽になり、幸せになり、何かを決断するときに迷わなくなったように思います。そして、物事にもっと感謝できるようになった気がします。今日も元気なことに感謝することからはじまって、大好きな家族、おいしいごはん、緑でいっぱいの庭……と気がつけばたくさんの幸せに囲まれていました。そんな当たり前に思っていたことを一つひとつじっと見つめてみると、幸せが胸の中心から湧いてくるんです。

読んでくださったみなさんの毎日が「ちょっと楽しく・ちょっと幸せに」なることを願っています。まずは自分自身を幸せにしようという気持ちで1章からはじめてみてください。気がつけば、自分だけでなく、家族やまわりにいる人達も幸せになっているはずです。

2024年9月　Wako

Contents

Chapter 3

外でできる感性の育て方

Chapter
1

時間・場所・心のゆとりを確保する

Leeway

ゆとりがあると、いろいろなことに気づくことができる

「感性」という言葉を一言で表現するのはちょっと難しいかもしれません。辞書で調べてみると「印象を受け入れる能力」と説明されています。端的に言うと「幸せを感じ取るセンサー」が「感性」だと私は思うのです。感性を育てるということは、心を豊かにすることと同義です。

では、「心を豊かにする」とはいったいどういうことなのでしょうか。私は、ガーデニングや家庭菜園などと似ていると思っています。雑草だらけの乾いた土ではおいしい野菜やきれいな花が育たないのと一緒で、心が荒んでいたり、疲れていたりすると、せっかくまいた幸せの種も育たなくなってしまいます。

そうならないためにも、まずは時間や場所、心のゆとりを確保することが大事です。それには、自分を取り巻く環境を見直す必要があります。「自分に費やす時間がない」「部屋が散らかっていて、家で快適に過ごせない」など、手はじめにこれらの問題を解決してみてはいかがでしょうか。

1章では、時間・場所・心のゆとりを確保するために、私が実践していることをお伝えしています。すべてを無理にやろうとしなくてもかまいません。「これならすぐやれそう」「意識してみよう」と思ってもらえたらうれしいです。この少しの行動が後々のみなさんの未来にいい影響をもたらすと信じています。

土壌がきれいに整ったら、一緒に幸せの種をまいていきませんか。今まで時間がなくてできなかったことに挑戦するのでもいいですし、普段手の込んだ料理が作れていなかったら時間をかけて料理をしたり、行きたかったところに旅行に行ったり……。こういう計画を考えるだけでも幸せな気分になりますよね。そのためにもまずは、自分のために「ゆとり」を作りましょう。

Time

時間の確保①
自分ルールを決める

時間・場所・心のゆとりの確保の第一歩として、まず、時間を確保しましょう。時間は、意識しないとどんどん過ぎていってしまうもの。スマホやテレビを見ていたらいつの間にこんなに時間が経っていた！なんてこともありますよね。

私は時間をむだに持て余したり、時間に追われたりすることが苦手。つまり、時間を有効活用しなきゃ気がすまない性格です。そのために時間に関して「自分ルール」を決めています。たとえば、「夕方4時以降は仕事の予定を入れない（仕事の連絡が来ても返すのは翌日）」「夜8時以降はスマホはできるだけ触らない」「毎朝決まった時間に起きる」など。こうすることで「仕事の時間はきちんと仕事をする」「プライベートの時間は思いっきり楽しむ」というように、生活にメリハリがつき、1日の中でしっかり自分の時間も意識的に確保することができます。

私は自営業なので、会社勤務の方には難しいルールもあるかもしれませんが、会社員の場合でも「退勤後は仕事のメールを見ない」や「朝早起きして、自分の趣味ややりたいことに時間を使う」などといったことは取り入れることができると思います。生活にメリハリをつけることが、時間の確保、ひいては心のゆとりの確保にもつながります。

Time

時間の確保②
朝の掃除をルーティン化する

みなさん、掃除はどのくらいの頻度で、どのくらいの時間をかけてしていますか？　定期的に掃除する人もいれば、普段なかなか時間が取れない人は休みの日にまとめて掃除することもあるでしょう。掃除をしていると、「あそこも掃除しよう、あそこも汚れていた」と没頭してしまって、気がつくと時間が経っていた……なんてことがあると思います。

前ページでお話しした「自分ルール」には掃除に関することも含ま

れていて、朝起きたら洗顔や歯磨きをするのと同じように、掃除をしています。そんな大したことをするわけではなく、水まわりや床、テーブルの上などをサッと拭いたり、整えたりする程度です。私は家が本当に好きで、家で仕事をすることが多いので、1日のはじまりにきれいにすることで、リセットした気持ちで仕事がはじめられて、モチベーションにもつながります。

また、撮影や打ち合わせなどで家に人が来るときもあるのですが、いつでも人が来てもいいような状態を常にキープしているので、特別な掃除はしていません。一見、とても難しいことのように思えますが、「習慣化」すればいいだけ。習慣化することで、トータルで見たときに時間のゆとりは確保できるはずです。

Time

時間の確保③
常にリセットする習慣を

朝の掃除習慣についてお話ししましたが、実は私は掃除を掃除と思っていません。「リセットしている」と捉えています。みなさんは食べ終わったら食器を洗わずに次の日の料理をよそったりしませんよね。必ず洗って使うはずです。それと同じで、本来あるべき状態に戻してあげているだけなのです。最初から汚れているものはないので、元の姿に戻してあげているという意識で掃除をしています。朝に限らず、気づいたときにやる、というのがポイントです。

こまめにリセットすることで、結果的に時間の節約になることがあります。たとえば、コンロまわりの油汚れ。料理をしたあとにサッと拭くのなんて、10秒で終わりますよ。ところが、油汚れを放置してしまうと、こびりついてなかなか落ちないですよね。専用の洗剤を買ったりして、時間をかけて掃除する羽目になってしまいます。

何より、この習慣の最大のメリットは、常にきれいな状態でいられるということです。汚れてから掃除をしようとするのではなく、常日頃、リセットする習慣を意識することで、時間が確保でき、きれいな状態も保ててテンションが上がって、一石二鳥です。

Time

時間の確保④

一度決めた予定はずらさない

時間のゆとりを作るために実践していることのひとつが、**スケジュールを先々まで決めてしまう**ことです。

美容院やネイルサロン、ジムや習いごとなど、周期が決まっている予定ってありますよね？　そうした「定期的な予定」を私は先に組んでしまいます。たとえば、ネイルの予約は1年先まで予約済み。なぜかというと、思い立ってから予約をしても、希望通りの日が取れないからです。あっちを移動したらこっちもずらさなくてはいけなくて、気がついたら何時間も過ぎていたなんて経験、みなさんもあるんじゃないかな。爪も髪も絶対に伸びるのだから、先に予定を入れてしまいましょう。定期的に予定を組むことで、爪や髪が常にきれいな状態でいられるというメリットもあります。そして、入れた予定は絶対に変えないこと。これがとっても大事なこと。せっかく固めた予定をずらしたら総崩れしてしまい、それでは意味がありませんからね。

実は、このことに気がついたのは最近なんです。以前は仕事の予定を優先してプライベートの予定はずらしてもらうことが多く、調整に時間がかかってばかりいました。でも、今は予定は予定と捉え、一度決めた予定はずらさないように心がけています。

この方法を取り入れたら、驚くほど時間に余裕ができて「これはい い！」って大発見でした。

Time

時間の確保⑤

仕事とプライベートは分ける

コロナウィルスによって、在宅勤務・リモートワークなどが浸透しましたよね。リモートワークによるデメリットとして「仕事とプライベートの境界線があいまいになる」というのがよくあげられています。

私はコロナ禍以前から、自宅で仕事をすることが多かったので、仕事とプライベートを分けることは常に意識していました。

オンとオフを明確にするコツは**きっちりと時間を決める**こと。私は朝の掃除が終わって朝食を食べたら10時くらいから仕事をスタートします。そして夕方4時には仕事を終えて、大好きなワインタイム。もちろん、仕事のメールや連絡はこの間にも来るのですが、可能な限りなるべく見ないようにしていて、返信も翌日にするようにしています。

もうひとつのコツは、**仕事用の道具をきちんと片づける**ことです。仕事用のデスクはありますが、その日の気分で場所を変えたり、出先で仕事をすることも多いので、仕事で使うパソコンや手帳、筆記用具や資料などはすべてお気に入りのかごバッグの中に入れています。ただ、どんな場所であれ、このバッグこそが「**私の小さな会社**」で、中身を広げた途端、仕事モードに切り替わります。仕事とプライベートを分けることで生活にメリハリがつき、よりプライベートの時間を充実させることができますよ！

Space

場所の確保①
部屋を整える

部屋は掃除するのではなく、「整える」。この意識が大事だと私は思っています。部屋を整えるというのは、部屋の正解を決めて、その状態をキープするということです。私の場合ですが、ダイニングテーブルの上には何も置かないですし、床にも必要なもの以外は置かないようにしています。娘たちが学校の課題をテーブルでして、そのまま放置することがあるのですが、私の「整えるタイム」になったら、そのままごそっと娘の部屋に持って行ったことも。「整える」ことを意識的に行わないと、本来そこにあるべきではないものがずっと居座ることになり、結果としてスペースがどんどん浸食されてしまいます。

もちろん、荷物が届いたり、買いものをしなければならないときもあるでしょう。そんなときにきちんと収納できるスペースを確保しておくこともとても大事です。見えるところだけを整えるのではなく、見えないところにも余白をもたせておけば、部屋を一番いい状態にキープしながら収納もできます。

また、整えるときに「本当にこれは必要なものなのか？」と自問してみてください。なんとなく捨てられないものをため込んでいても、結局年末の大掃除で捨てちゃうってこと、ありますよね。もっと早く捨てていれば部屋がすっきりしたのに〜！と後悔したくないので、普段からいるものなのか、いらないものなのかを自分に問いかけながら整えるのがポイントです。

Space

場所の確保②
ものの帰る場所を作る

前ページで、部屋を一番いい状態でキープしましょうとお話ししましたが、一番いい状態とはどのような状態だと思いますか？　テーブルや棚、床の上がすっきりしている状態にするためには、ものを仕舞わなければいけないですよね。それには、「ものの帰る場所」を作ってあげることが大事です。

テレビやエアコンのリモコンは引き出しに、使っていない花瓶は棚に、スマホの充電器は充電器入れを用意してそこに入れるなど、生活に必要なものには必ず、「おうちを作ってあげる」意識で、戻す場所を決めてみてください。「必要だから、よく使うから」といって、置きっぱなしにしてしまうと、いつの間にか「そうでないもの」に埋もれてしまいます。家や部屋はあくまでも私たち人間が居心地よく過ごすための空間。もの置き場にしてしまったらだめ！　絶対に〝人間ファースト〟ですよ！　ものにあふれた部屋より、すっきりと広々とした部屋のほうがいいに決まっていますよね。

前ページで「本当に必要なものなのか？」と自問してみて、とお伝えしましたが、帰る場所がないものは、もしかしたら不必要なものかもしれません。部屋を整理するときに、ぜひこのやり方を実践して、快適な部屋作りを目指してください。

Space

場所の確保③
掃除アイテムは最小限に

今や、ドラッグストアや100円ショップでも掃除グッズがたくさん展開されていて、それぞれの用途に合わせた便利なものが増えてきていますよね。お風呂の水垢を落とす洗剤や、コンロの油汚れを落とすスプレー、トイレの汚れを落とす洗浄剤など、本当に便利になりました。

ですが、そんな便利な掃除グッズは我が家にはほとんどありません。なぜなら普段から〝リセット〟しているから。お風呂も1回入って水を抜いたらボディーソープをスポンジにつけて拭く、コンロも使ったらマルチクリーナーを吹きかけてペーパーでサッと拭く。これを意識すれば汚れはつきません。キッチンや洗面台などの排水口の掃除も特別なものは使わずに、使い古した家族の歯ブラシで掃除しています。だから娘たちには「使い終わったら歯ブラシは捨てないでママにちょうだい！」と言っています。

私も以前は、こうした便利グッズを買っていたのですが、用途に合わせて使い分けるのが面倒になり、買うのをやめました。便利な掃除アイテムを否定しているわけではないのですが、一つひとつは大したことなくても、たくさん買うと、それだけでスペースを圧迫しますし、お金だってかかりますよね。

Space

場所の確保④
食材は買いすぎない

みなさんは料理は好きですか？　私は冷蔵庫の中のものを使ってメニューを考えることがとても好きです。3章の買いもののルールのところで詳しく話しますが、お買いものをするときも、「カレーをつくるから肉と野菜を買おう！」という感じでは買いものをせずに、「今はなすが旬で安くておいしそうだから買おう！」という感じで買いものをしています。

とくに足が早い生鮮食品をたくさん買ってしまうと、「早く食べないと悪くなっちゃうよ！」という「食べてプレッシャー」をとてもストレスに感じてしまいます。それによって、ついつい作りすぎて食べ過ぎてしまうのもよくないですよね。

私は買いものをしたあとや定期的に、冷蔵庫の棚卸しをしています。冷蔵庫がある程度いっぱいになったら、足の早いものから使って料理したり、今冷蔵庫の中に何があるのかを把握するために整理するようにしています。家にあるのに、間違って同じものを買ってしまうというむだを避けることができるし、場所の確保にもなります。必要な分だけを買って、あるものだけでおいしいごはんが作れたらとても幸せな気分になるんですよね。

場所の確保⑤

ついで掃除を心がける

年末の大掃除のときに大量にいらないものを見つけて捨てるということを私はしていません。そもそも家をひっくり返すような大掃除をしません。なぜなら普段から〝こまめなリセット〟を心がけているから。場所のゆとりが、大事だってことはもうおわかりいただけたと思うのですが、そうはいっても「ずっと家をきれいな状態にするなんて難しいよ〜！」と思う人もきっといると思います。「ずっときれいにしなければいけないんだ」とプレッシャーを自分にかけすぎると、逆に心が疲れちゃいますよね。そういった人は「ついで掃除」を意識してみると、心が軽くなるのでは？　お風呂に入ったついでに、浴槽をサッと掃除して、排水口も髪の毛をサッと取る、洗面所を使い終わったあともサッとタオルで拭くなど、あくまでも掃除をメインとせずに「ついで」の意識で行うと楽な気持ちでできるかもしれません。

生活していると、意外と「ついで掃除」の機会って多いんです。だから1回忘れたからといって、「掃除していない……」と罪悪感に陥らなくていいんです。はじめは3回に1回「ついで掃除」をする、のようにしておくといつの間にか習慣化されて、掃除をするのが苦にならなくなるはずです。日常的に家や部屋をきれいに保つことで、おうち時間を快適に過ごすことができます。家で十分リラックスすることは仕事へのエネルギーにもつながりますし、幸せな気持ちも芽生えてくるはずです。

Mind

心のゆとりの確保①
リセット方法を見つける

日々、仕事や家事、子育てなどに追われてなかなか自分の時間を作れないという人も多いと思います。そういった日々が続くと、体はもちろんですが、心もどんどん疲れていってしまって感情が乏しくなってしまいます。つまり、うれしいことや幸せなことがあっても心が反応しづらくなります。

私はまわりの人からよく「Ｗａｋｏさんっていつも幸せそうだよね！悩みなんてなさそう」と言われることがあるのですが、私も落ち込んだり、悩んだりすることはありますよ。そんなときはお気に入りのリセット方法を実践することで、心の平和を保つことができています。私の場合は朝のバスタイムと夕方のワインタイム。朝のはじまりにバスタイムを設定することで、思考の整理にもなりますし、リフレッシュして1日のスタートをきれるのがとても幸せ！　夕方のワインタイムのために昼間の仕事もがんばろうという気持ちにもなります。

物理的に時間が取れないという人でも、自分がこれをしているとき幸せだと思う方法を見つけてみてください。好きな音楽を聞くでもいいし、お気に入りの香りを嗅ぐ、スイーツを食べるなど、自分のテンションが上がることを1日のうちに必ずひとつは設定してみると嫌なことから心の距離を取ることができます。いったん距離を取ってしまえばこっちのもの。冷静にそのことを分析したり、前向きに考えるきっかけにもつながるはずです。

Mind

心のゆとりの確保②
バスタイムで心をデトックス

前ページで私のお気に入りのリセット方法はバスタイムとお話ししました。バスタイムには結構こだわりがあって、時間と（多少の）お金をかけています。心の平和を保つリセット方法が私にはバスタイムなのですが、自分がリセットできることならば、何でもかまいません。ただ、私はどうせお風呂に入るのなら、「体を洗う」という目的だけではなく、「自分の機嫌を取る」ためにも入りたいと思うのです。体もきれいにするついでに、朝から幸せな気分になれるなんて最高じゃないで

すか。だから朝のバスタイムを大事にしていて、自分が幸せだと感じるための工夫もいろいろあります。詳しくは2章でお話ししますね。

寝る前に1杯お気に入りのお茶を飲む、リラックスできる音楽を聞きながらストレッチをするなど、行うのにハードルが低いリセット方法がおすすめです。やらなきゃいけない！と使命感を持ってしまうと、リラックスできないからです。行う時間も自分にゆとりが持てそうな時間に設定してみてください。朝がどうしてもバタバタしてしまう人は、夕方や夜に。自分が幸せに感じられてストレスや心のもやもやから離れられるリセット方法をぜひ、見つけてください。

Mind

心のゆとりの確保③
スマホと距離を置く

スマホの普及に伴って、いろいろなことが便利になりましたよね。もちろん私もスマホは持っていますし、写真を撮ったり、SNSで発信するのはとても楽しいです。ただ、「スマホ依存」という言葉がある通り、使い過ぎはよくありません。スマホを見ていて気づいたら、何時間も経っていた……なんてことも聞きますよね。スマホは本当に便利だし、なくてはならないという人も多いと思いますが、あえて手放してみることで、気づいたり、感じることがきっとあると思います。

私はスマホと距離を置くために工夫していることがあります。それは「寝室にスマホを持ち込まないこと」です。スマホの充電器は別の部屋に置き、寝る前に充電するようにしておけば自然と寝室に持ち込まないようにすることができます。寝る前に読書をするのが私のルーティンなので、スマホから離れて読書という時間を存分に楽しむことができます。読書をしなくてもスマホから離れる「無の時間」もとても大事。思考を整理したり、その日にあった幸せなことを思い出したりする時間を作るようにしています。

スマホやSNSって時間さえあればどうしても見ちゃう気持ちもわかりますが、それを理解したうえで、スマホに支配されないように意識的にスマホから距離を取ることをおすすめします。

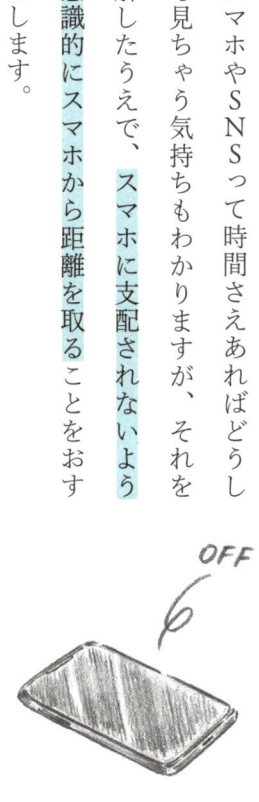

Mind

心のゆとりの確保④

ポジティブな言葉を心がける

ポジティブな言葉にはエネルギーがあると私は思っています。私の口ぐせは「幸せ！」です。おいしいものを食べたとき、仕事がうまくいったとき、うれしいことがあったとき、「あ～幸せ」と口にしています。だって本当に幸せなんだから！　口にすることで、幸せを余計に実感できます。逆にネガティブな言葉にも、負のエネルギーがあって、そればかり言っていると心もどんどんネガティブになっていきます。まわりに「疲れた」「だるい」「嫌だ」なんて言ってる人がいたらこっちまで嫌な気分になっちゃいますよね。言葉で自分の気持ちをコントロールすることもできるし、相手に影響を与えることだってできます。なので私は、まわりの人にもハッピーになってもらいたいので、ポジティブな言葉を使うように心がけています。

たとえば、誰かになにかしてもらったときもついつい「ごめんね！」と言ってしまう場面でも、私は「ありがとう！　○○してくれて」と言うようにしています。たとえば、私が片づけ忘れたものを娘が片づけてくれたときには「ごめんね」ではなく、「ありがとう！　気づいてくれて」と言うようにしてます。また、人に褒められたときも「そんなことないよ」ではなく「ありがとう」と言うようにしています。

言葉や考え方ひとつで自分の気分も変わり、相手にもいい気持ちになってもらえる。こんなお得なことないので、ぜひやってみてください。

Mind

心のゆとりの確保⑤

自分のためになると思って行動する

1章では、私が意識している時間・場所・心のゆとりの確保の方法についてお話してきました。みなさんが、ちょっと真似してみようかなと思ってくれたことがあればうれしいです。「私には少し難しそう……」と思う人もなかにはいるかもしれません。でもこれらは全部巡り巡って「自分のため」になります。

自分のために自由に使える時間ができたら、きれいな家や部屋で過ごせたら、いつもご機嫌でいられたら……これらが嫌だなんて人はいませんよね。私も別に何もしなくていいなら本当に何もしたくない！

でも、未来の自分が幸せになれるのであれば、がんばれちゃいます。そしていつも「あ〜、あのとき、ちゃんと○○しててよかった〜！」と思うのです。


ゆとりはただお金があればできるものではなく、ちょっとの一手間やちょっとの丁寧さ、ちょっと面倒ごとをいとわず取り組んだことで少しずつ生まれてきます。そして気がつくと、人生に大きなゆとりができているのだと思います。余裕がないときは、テーブルセッティングして夕食を楽しく食べたいとか、花を飾りたいなんて思わないはず。

2章ではゆとりを確保した私の「ちょっと幸せ」がどうやってできているのかご紹介させてください。

Chapter

2

おうちでできる感性の育て方

Inside

小さな幸せをたくさん積み重ねて人生をハッピーに！

「いつも幸せそうだね」「毎日が楽しそうだよね」。こんなことをよく言われます。それはきっと、普段の生活の中に小さな幸せを見つけるのが上手だからかもしれません。どうということのない毎日でも、少し意識をしてみると、小さな幸せのかけらがあちこちに潜んでいるんですよ。私は、それを拾って、目を向けて、感じ取っているだけ。かけらが見当たらないときは、それを自ら作り出せばハッピーは生まれることも、最近実感しています。

ここからは、私が普段どんなふうにハッピーセンサーを作動させて、その小さな幸せを生活に取り入れているのか、どういう思考で生活をしているのかを紹介していきます。それがわかれば、きっとあなたも感じ方が豊かになるのではないでしょうか。それを見つけるか、そのまま気がつかずに過ごしてしまうかで、人生のハッピー度は何百倍も違うはずです。

その前に、伝えておきたい大事なことがあります。それは、まず幸せになるのはあなただということ。自分の幸せを一番に考えてください。たいていは、誰かのためにがんばってしまうでしょう？　そうすると、自分自身が疲れてしまったり、余裕がなくなったりして、結果的に誰も幸せではないという悲惨な状況にもなりかねません。それに、誰かの幸せが自分の幸せの基準だと、もしその人が喜んでくれなかったときにがっかりしてしまいます。だから自分の幸せが第一優先なのです。

この考えに気がついたのは、20年以上前に乗った飛行機の中で、非常時の酸素マスクの付け方の説明を聞いたときです。「子連れの人は、まず親が先にマスクを装着してください」とアナウンスされていて、それにはっとさせられました。子どもの酸素マスクを先に装着すると、その間に酸素が足りなくなって親が死んでしまうかもしれない。そうしたら、子どもに装着すらできないのだなと。先に自分を救わないと、子どもを救うこともできないのだなと。この気づきを経て以降、「自分の幸せが第一優先」が私の人生の教訓になりました。

誤解をしないでほしいのですが、わがままを突き通したり、相手をないがしろにしてもいいということではありません。優先すべきは自分の幸せで、その延長上に誰かの幸せがあるのですよ。

でも、相手に特別何かをしなくても、自分が幸せにしていれば、まわりにいる人も自然と幸せな気持ちになるはずです。子どもにとっては私が幸せそうで、ご機嫌なほうがいいでしょうし、パートナーにとっても相手が楽しそうにしていたほうがいいですよね。もしかしたら、私が幸せそうにしていたら子どもも幸せな気持ちになり、それが子どもの友達にも伝播してというように「幸せの連鎖」が続くかもしれません。巡り巡って、私もまた幸せな気持ちになるなんてこともあるかも。そんな連鎖が生まれたら最高ですね！

毎日をちょっぴりハッピーにするために、幸せの感度を上げましょう。そして、幸せオーラを波及させちゃいましょう！

Inside

好きな花を生ける

花は私の生活に欠かせないアイテムです。そこにあるだけで幸せな気分になれますし、生きているもののエネルギーから元気をもらえます。わざわざ買ってこなくても、庭の花を切るのでもいいですし、1輪だってかまいません。私も庭のミモザの枝先を切ってガラスの花瓶にわさっと生けたりしています。ミモザは黄色く色づいたものもかわいいですが、まだ緑のうちもすてきなの。庭の植物だと、こんなふうに市場には出ない状態のものを切って楽しめるのがいいところですね。

花を飾るもうひとつのメリットは、自然と部屋がきれいになること。せっかく花を飾るなら、ごちゃごちゃのところに置きたくないですよね？　花を置くことで片付けようという気持ちが芽生えるので、自ずと部屋がきれいになるというわけです。

飾るときは、リビング、ダイニングテーブル、チェストの上というように場所を決めると生けやすくなります。ポイントは、部屋の雰囲気を壊さない色を選ぶことです。私は白と緑をベースにしていて、ここに淡いピンクを足すこともあります。どれも目に優しく、リラックスできる色だからです。白と緑の2色ならたいていの部屋には合いますし、失敗も少ないのがいいところです。まずはこの2色からはじめ、慣れてきたらもう1色足してみましょう。

幸せな気持ちになるために花を飾るのだから、ほかの誰でもなく、自分のために生けることも大事ですよ。

Inside

家にグリーンを取り入れる

グリーンは私の生活必需品。ホテルに泊まるときも、わざわざ買って生けるくらい、植物なしでは暮らせません。くつろぐためにソファーがあるのと同じように、そばに緑があるのが当たり前。リラックスできるし、目にもやさしいし、見るだけで豊かな気持ちになれます。

だから、私の家にはリビングや玄関、キッチンの脇など、至るところにグリーンがあります。切花も飾りますが、鉢植えの植物も置いていて、6月ならあじさいというように季節のものを取り入れつつ、通年出回っている植物を選ぶこともあり、そのときどき。鉢植えは一度買うとずっと世話をしなくてはいけないと思いがちですが、私は切花と同じ感覚で、空間を演出してくれる観賞用と捉えています。もちろん、元気なうちはときどき外に出して水をあげて世話をしますが、枯れてしまったら「ありがとう」と感謝して処分。手入れをして来年も花を咲かせるのがベストかもしれませんが、完璧を求めるとできなくなってしまうから、そこは割り切って考えてもいいのでは。楽しめる期間を考えると切花より長いですし、断然お得ですよね。

場所によっては、フェイクグリーンも活用します。私の家の場合は、上のほうに置いてあるグリーンはフェイクです。上のほうは水やりが大変ですし、本物と区別がつかないくらい離れているので、フェイクで十分。本物とフェイクは、場所と分量次第です。要はバランスなので、それぞれの家の事情に応じて置き分けてください。

Inside

ワインの時間を楽しむ

お酒は飲むまでのプロセスを大切にしています。まず、トレーにワイン、グラス、コースター、ワインオープナーを用意しますが、そのどれもがお気に入りのものです。ワインを開けるときのオープナーがすてきだと、飲む前から気分が上がります。コースターを使うのは、グラスとテーブルがぶつかる音を防いだりグラスが安定したりする実用面もさることながら、見た目がかわいくて、大好きなワインタイムを心から楽しむことができるからです。これらをトレーに並べるのもポイントで、それだけで一体感が出てまとまるのでおすすめです。この一式を用意してから、私のワインタイムはスタートします。

こうした雰囲気作りは、外で飲むときにはお店の人がしてくれているわけですが、それは家でも再現できるんです。道具にこだわって自ら演出すると楽しく飲めますし、そのほうが味もおいしく感じます。家で飲めば、浮いたお金の分少し高いワインを飲めますし、1杯の値段で3〜4杯飲めることもあるかもしれません。

ワインは赤が好きで、家ではたいてい赤ワインを飲みます。赤は肉、白は魚というセオリーはありますが、魚にも赤を合わせてしまいます。たとえセオリーから外れたとしても、好きなように食べたほうがいいから。こうしたことができるのも、家で飲むメリットかもしれません。

私はワインが好きなのでワインについてお伝えしましたが、好きなお酒に置き換えて、それに合う道具を探してみてください。

Inside

気分の上がる小物を使う

私にとっての気分が上がる小物はバスケットです。乱雑になりがちなものも、バスケットに入れると不思議とすっきり見えます。移動するのにも便利で、家の中でよく使っています。

たとえば、家で仕事をするときはパソコンやノート、ペンなど、必要なものをバスケットにまとめています。また、バスケットを洗濯かごの代わりに使います。ただ洗濯ものを入れるだけでもバスケットだとなんとなく可愛いですよね。子どものおもちゃの片付けにもとても

便利。子どもが小さいときはリビングに1人1バスケットを用意し、自分のものはそこに入れさせていました。「片付けなさい」と言ったときに陣地があるので子どもにもわかりやすいですし、散らかったものをさっと整えることができるので、このアイデアはおすすめです。

トレーもよく使います。トレーに置くだけで片付いているように見えるのがいいところです。キャンドルと花をまとめてベッドルームに、子どものランチを用意して仕事に行くときに、これから料理する野菜を冷蔵庫から出してまとめるときになど、どんなシーンでも使えます。

ひとまとまりにしてくれる小物を使うと、たとえ作業途中でも、きちんと整理をしていなくても「ちゃんとして見える」から、近くにあってもストレスを感じません。ただし、バスケットに放り込んだものは一時的な避難場所ですよ。なるべく早く片付けることを忘れずに。

Inside

飲みものを直飲みしない

54ページでお酒を飲むときの雰囲気作りの話をしましたが、これはお酒に限ったことではありません。買ってきたオレンジジュースやペットボトルの飲みものでも、またはカットフルーツでも、テイクアウトしたごはんでも同じこと。私は、必ずコップや器に移し替えます。

入れ替えると口当たりもよくなるので、味をしっかり感じることができます。少し大げさですが、食材への感謝の気持ちも増すように思います。買ってきた容器のままだと、きっと食べることに対して雑になってしまうんでしょうね。

移し替えるのが面倒な気持ちはわかりますが、プラスチック容器のままでは心がすさみます。想像してみてください。トレーに入ったままで、蓋だけを取ったお刺身が並んでいる食卓と、渋い和食器に移し替えたお刺身が並んでいる食卓を。付いてくる大根や青じそをそのままスライドさせただけだったとしても、移し替えたほうが明らかに豊かですよね。それに、容器からそのままでは、ただ食べるという行為で終わってしまいますが、移し替えてテーブルセッティングしたら、ごはんの時間が豊かに、楽しいものに変わります。

小さなことですが、自分をいい加減に扱わないということですから、こうしたこだわりはとても大事なことです。

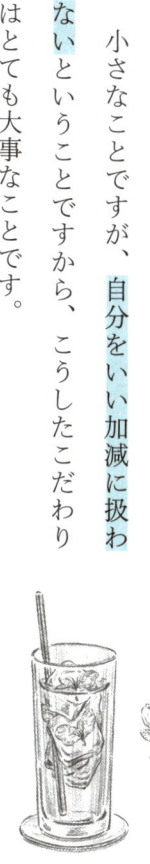

Inside

スマホの時間を減らす

SNSとの付き合い方、コントロールの仕方を考えることはとても大事なことです。スマホは無限のエンターテインメントで、スマホを片手にあっちこっち見ていると、驚くほど早く時間が過ぎていきます。それに、与えられる情報ばかりで、自分の頭で考えるという時間も削がれてしまいます。それが嫌で、私は夜の8時から朝起きるまではできるだけ触らないようにすると決めています。

スマホを置くと、見えてくるものがあるんです。まず、家の中に目がいくようになるので、部屋の模様替えをしようとか、冷蔵庫の中を整理しようといったように、したいことややるべきことに気がつきます。それを実行に移すのもいいですし、TODOリストを作る時間にあてるのもいいですね。時間が空くと子どもたちの会話に耳を傾ける余裕が生まれるので、それをちゃんと逃すことなく聞くことができるようにもなります。映画を見たり本を読んだり、家族と会話をしたりすることができ、思考も動き出します。

限りある時間を有効に使わなきゃということは、誰もが頭ではわかっているはず。でも、それがなかなかできないんですよね。そんな人は、機内モードにして、強制的に受信ができないようにするのがおすすめ。私も、受信の通知がつい気になってしまうので、これを実行しています。

Inside

朝起きたら
ベッドメイクをする

ホテルに泊まると、部屋に帰ってきたときにベッドが整っていて気持ちがいいですよね。それを普段の生活でも取り入れたいと思い、朝起きたらベッドを整えることにしています。ピシッと整えられたベッドは目で見て美しいですし、そんな空間で生活をしたいから。寝るときも、幸せな気持ちでベッドに入れます。大げさかもしれませんが、きれいにしておいたほうが心も元気でいられるように思います。

ベッドを整えることに意識が向くようになったのは、アメリカに住

む親友の影響も大きいです。彼女の家に泊めてもらったとき、ベッドが整えられていたのはもちろん、「リネンスプレーが棚にあるから、よかったら使ってね」と言われたんです。ベッドまわりを快適にすることが当たり前の行為を見て、とても感銘を受けました。ベッドメイクを今のような形で習慣化したのは、この頃からかもしれません。

面倒と思うかもしれませんし、私だって誰かが整えてくれるのならやってほしいくらい。でも、誰もやってくれないなら、自分で整えましょう。そのとき、「気持ちよく過ごしたいからやる！」と考えて、ほかの誰のためでもなく、自分のためにやろうと思うことが大事です。

ただし、お正月は、ベッドメイクはしなくていいと自分のルールで決めています。この日くらいゆっくり過ごそうと思っていて、すぐにベッドに戻れるようにしておきたいからです。最近は、お正月だけでなく、週末も加えようかなと思案中です。

Inside

テンションが上がるコーナーを作る

家の中に見ていて楽しいコーナーを作ることをおすすめします。わかりやすい例が、ホテルのエントランス。ホテルに足を踏み入れると、花や美術品が飾ってあり、テンションが上がりますよね。それをいつもの生活でも取り入れてみましょうという提案です。

私の場合は、キャンドルと花がテンションの上がるアイテムなので、これらを飾っています。飾るときのポイントは、2色以上は使わないこと。色が少ないと、目にやさしいコーナーを作ることができます。多色使いですてきに整えている人もいますが、あれにはセンスが必要。一般的に、色の数が多いと色のバランスを取るのが難しくなるので、色数は抑えるほうがうまくまとまります。あとは、陶器とラフィア、石とガラスなど、素材をミックスさせると、お互い引き立て合ってまとまりやすく、こなれた感じのコーナーが作れます。

お気に入りのコーナーを作ると、部屋をきれいに保てるという利点もあります。ここにはこれを置くと決めると、元に戻そうとするからです。たとえば、キャンドルを置くコーナーに郵便物が重なっていると嫌でしょう？　それらは余計なものなので、すぐに片付けてくださいね。こんなふうに、コーナーに置くべきではないものが割り込んできても、片付けようと思うので、結果としてきれいな部屋を保てます。

家の中に、お気に入りの景色を持てば持つほど幸せの数が増えていく。私はそんなふうに思っています。

Inside

シリーズものの
ドラマや映画を常備する

映画や海外ドラマは、シリーズものや、長めのものを見るのがおすすめです。俳優によって話し方にクセがあるので、ずっと聞いているとその国の言語が耳にすっと入ってくるようになり、語学力を高めるのに役立つからです。だから、吹き替えではなく、ぜひ字幕で。私は時間ができたときにすぐ見られるように、気になるものをお気に入りに入れてストックしています。見たいと思ってから探すとあっという間に時間が過ぎてしまうので、ストックしておくことはマストです。

映画やドラマは、私にとって非日常を楽しんで夢を見る体験なので、見て幸せな気分になるものや、ヒーローが勝つようなもの、景色の美しいものが好き。鑑賞後の気持ちがハッピーになっていることがセレクト基準で、ドラマティックな展開の話のほか、コメディーやサスペンス要素が含んだようなものも見ます。おすすめはたくさんあるのですが、3本厳選するなら、映画は『ホリデー』『恋するレシピ』『恋愛適齢期』、ドラマは『ダウントンアビー』『ブラザーズアンドシスターズ』『セックス・アンド・ザ・シティ』がお気に入りです。

ストーリーはもちろん追いますが、服装や家の様子、街並みなどの背景もじっくり見るのが私流の見方。「あの白いドレスきれい！」「なんて美しいお屋敷なの！」なんて思いながら、刺激をもらいます。あとは、泣ける場面がきたら泣くことも大事で、泣くスイッチが入ったら我慢せずに泣くようにしています。これもまたデトックスです！

Inside

季節を家に取り入れる

季節を生活に取り入れると、毎日の生活が楽しくなります。意識を向けると、季節は意外といろいろなところに転がっていて、さまざまな方法で取り入れることができます。

たとえば、花から。市場に買いに行くと、季節のものが並んでいます。5月になったら芍薬が出回ってくるのでそれを買って飾ったり、3月から4月頃に黄色く色づいた庭のミモザの枝を少し切って花瓶に生けたり、6月にはあじさいの鉢植えを置いたり。

たとえば、食材から。私はできる限りファーマーズマーケット、八百屋、魚屋、肉屋など、市場や専門店で買うようにしているのですが、その理由も旬のものが手に入りやすいからです。旬のものはおいしいのはもちろんのこと、体もその味を欲しているはずですし、手頃な値段で手に入れられて、いいことばかり。味がのっているから特別な味付けをしなくてもごちそうになるのも魅力です。季節の訪れを食卓から感じられて、会話も弾みますしね！

イベントから季節を取り入れる方法もあります。私の場合でいうと、お正月はシンプルに清潔感を持たせつつ神聖な雰囲気で整えたり、バレンタインには濃いピンクのラブリーな花を生けたり、ハロウィンなら玄関に観賞用のかぼちゃをたくさん並べたり、クリスマスには赤と緑で部屋を飾りつけたり。家をテーマパークのように飾り付け、季節ごとに訪れる行事をとことん楽しんでいます。

Inside

飲みものにはコースターを

飲みものを置くところには、いつもコースターを敷きます。何より見た目にかわいいからですが、「グラスの戻る場所を作る」という意味もあります。それに、コースターがないと水滴が落ちるのがストレスですし、輪ジミも気になるからです。レストランやカフェでは、コースターを敷いてくれるので、こうしたストレスがありませんが、それと同じだと考えるとわかりやすいかな。家でもコースターひとつでカフェ気分が楽しめるのだから、自分で自分を楽しませるために、こう

した演出は大事です。私は、木製のもの、籐やラフィアで編んだもの、金属のもの、布のものなど、素材別にたくさん持っていて、気分によって使い分けています。

これが習慣化したら、次はコースターの常設場所を作るのもおすすめ。私の家では、リビングのローテーブルなど、テーブルごとにインテリアになじむようにコースターを置いていて、すぐに使えるようにしています。そばにあると取りに行く面倒がないので習慣化しやすいですし、便利です。

コースターを敷くのは、食事のとき一人ひとりにプレイスマットを敷くのと同じ感覚です。コップに入っている中身や、器に盛られた料理も大事ですが、その場が楽しくなる環境作りが私にとって、とても大事なこと。だから、コースターやプレイスマットを敷くんです。

Inside

着る服の色を限定する

私の服のほとんどは白とベージュで、季節を問わずこの2色を着ています。昔は濃い色の服も着ていましたが、白やベージュの服を着ているときが一番気分よくいられ、私の家の背景ともマッチする色だと気が付いてから、この2色にしようと決めました。色を限定したら、迷うことがないので服選びが楽になりましたし、お店でもこの2色しか見ないので、時間の短縮にもなっています。

白とベージュは主張しすぎない色だから落ち着きますし、家で過ごす時間が大好きな私にとって家の背景となじみやすいことも好きな理由です。たとえば、赤い色の服もかわいいのですが、そこだけ際立ちすぎてしまいます。その点、白やベージュなら、背景と同化して1枚の絵のようになじむので、ストレスなく過ごせます。色の流行に左右されない色なので、長く着られるのもいいところです。

色を限定すると組み合わせが狭まるのでは？と思うかもしれませんが、実は逆。なぜならば、白とベージュの相性が悪いなんてことはないので、組み合わせの相手を選ばず、自由度が上がるからです。赤や黄色を基調とすると組み合わせる色が限定されるから、そうはいかないでしょう？

デザインの面でいうと、流行の服は過ぎると着られなくなるので買いません。流行を追うよりも、あなたが好きなもの、似合うものを見つけてくださいね。

Inside

クローゼットは色ごとに整理する

前のページで服の色選びについてお伝えしましたが、服の色が決まったら、あとはハンガーにかけてクローゼットに同じ色ごとに並べましょう。できれば、ハンガーも同じものでそろえるとベストです。

色がそろっているときれいなので、きちんと整理してあるように見えてすっきりしますし、見ていても気持ちがいいです。それに、お店のようで楽しいですよね！　並べるときは、綿や麻などの素材ごとに固めて並べたほうが、選ぶときに出しやすいのでおすすめです。コツ

は外側に長いもの、内側に短いものをかけること。こうすると曲線が美しいですし、内側の空いたスペースにバックや靴など、別のものが収納できます。

同じ色でまとめることの利点は、見た目のよさはさることながら、**何より楽なこと**。見やすくて取り出しやすいので、服選びがスムーズになります。パッとかわいくなれちゃうなんて、いい収納法でしょう?

引き出しに色ごとに分けてしまうのも悪くはありませんが、たたむというひと手間があるので、ハンガーでかけるだけよりもハードルが上がります。私も以前はその方法をメイン収納にしていましたが、続きませんでした。整理整頓が好きならばこの方法もいいのですが、そうでないなら楽なほうがいいですよね。とはいえ、全部をハンガーにかけることはできないので、引き出し収納も併用しています。そのときも見た目と利便性を考えて、**色ごとに分けるのがポイント**です。

Inside

色を統一した部屋作りを

72ページで服の色選びの話をしましたが、これは部屋も同じこと。部屋は、なるべく少ない色で統一するのがおすすめです。たとえ好きな色だったとしても、何色もあったら部屋がごちゃごちゃした印象になってしまうからです。まれに多色使いでもすてきな部屋に整えている人もいますが、あれには相当なセンスが必要です。**色数は、できるだけ少ないほうがうまくいきます**。

色選びは服と同じように、まずはベースの色を2色決めましょう。これが決まっていると統一感が出て、部屋がすっきり広く見えます。おすすめは白とベージュ。どちらもくつろげて、失敗しにくい色だからです。次は、この2色に好きな色を足します。足すのは1色だけ。なぜならば、インテリアグッズのほうが、服よりも色合わせを考えずに買ってしまいがちで、色の混在が起こりやすいからです。色や素材を考えずに「かわいい！」と衝動買いをして、ちぐはぐな部屋になってしまった経験に心あたりがあるのでは？

足す1色は、テーブルをコンクリート色にする、1人がけの椅子をベロアのグレーにするなど、面積が大きめのものに使うのがおすすめ。色ではなく、素材を足す方法でもOK。たとえば、ゴールド、シルバー、ブロンズなどの金属素材のものは部屋になじみやすく、本物らしさや重厚感を出せるので、グッとこなれた感じになります。

Inside

朝起きたら温かい飲みものを1杯

朝はベッドから出たら、まずハーブティーをゆっくり飲みます。これが私の朝の切り替えタイムです。ボーッとしながら、今日1日の行動を考えたり、TO DOリストを見直したり、今日の服は何を着ようかなと考えたり。ひと息ついて、まだ目覚めていない頭を整理する時間にしています。これを習慣づけると、1日をスムーズにスタートすることができるように感じています。

飲むものは、コーヒーでも緑茶でも、紅茶でも好きなものでかまい

ませんが、濃い味のものよりも、薄い味のほうが朝一番の体に通すには向いているかなと思います。だから私はハーブティーを選んでいて、最近はお湯にレモンとしょうがを入れたものもお気に入りです。

もうひとつ大事なことは、冷たいものではなく、温かいものを飲むこと。温かいもののほうが体にいいという理由もありますが、それよりも温かいと必然的に座ってゆっくり飲まなくてはいけないことのほうが意味合いは大きいです。ゆっくり飲むと、それが「考える時間」になるからです。もちろん、このときにスマホは見ません。思考タイムなのだから、外からの情報をいきなり入れるのではなく、きちんと「考える」ときにしてくださいね。

Inside

音楽で家の雰囲気を演出する

私にとって音楽は、家の雰囲気をよりよくするアイテムのひとつです。気持ちを盛り上げたり、逆に穏やかにしたり、自分の気持ちをあと押ししてもらうためのものでもあります。だから、真剣に聞くというより、流しているというほうが正確で、どちらかというとバックミュージックと捉えています。花を飾ってわくわくするのと同じ役割や、コースターのようにその場を快適にするもの、思考を助け、お酒をおいしくしてくれるものです。

選ぶ音楽はヒーリング系のものや、静かな音楽、空気がふわふわ浮遊するようなものが多いです。日本語歌詞の曲は、言葉が思考の妨げになるので聞きませんし、英語の曲でも歌詞を真剣に聞くことは少ないです。言葉というより音として捉えているから、むしろ理解できない言葉の曲のもののほうがいいくらい。探し方は、音楽配信アプリに好みのジャンルのワード、たとえばアコースティックギター、ボサノバ、ブルースなどを入れたり、ギリシャ、メキシコ、フランスなどの国名で検索をしたりして、好みのものを見つけています。

音質がいいとその場の雰囲気がグッとよくなるから、家では音楽データをスピーカーに飛ばして流していますが、旅に出るときも小型のスピーカーを持って行きます。旅先でも家の雰囲気のまま過ごしたいですからね。モロッコへ行ったときはスピーカーを忘れてしまい、部屋に音楽がないだけでモチベーションが少し下がっちゃいましたもの。

Inside

キャンドルで生活を豊かに

キャンドルは私のマストアイテム。これがないと、私の人生の幸福度が下がってしまうといっても過言ではないくらい、欠かせないものです。炎を見るだけでリラックスでき、気持ちが落ち着き、部屋の雰囲気もよくなります。リビングで、ベッドルームで、お風呂でというように、生活のあらゆるシーンで使っていて、至るところにキャンドルを置いています。ごちゃごちゃのところに置いても美しくないですし、何より危険なので、自然と片付けようという気持ちになるのもいいところで、結果的に部屋をきれいに保てます。

帰宅したらすぐに火を灯せるように、朝のうちに新しいキャンドルに交換しておくのがおすすめです。変えることからはじめると、そのひと手間があることでテンションが下がってしまいますから。高価なアロマキャンドルもいいですが、それは1～2か所で十分。あとは灯り取りの役割なのだから香りない安価なものでかまいません。私も大容量のティーライトキャンドルを安く買っています。

キャンドルのよさに目覚めたのは、10代ではじめて訪れたバリでの体験がきっかけです。エントランスにずらっと並んでいたキャンドルに、夕闇の訪れとともにホテルのスタッフが火を灯していく様子があまりにもすてきだったんです。私の生活にも取り入れたい！と思って今に至ります。キャンドルひとつで生活が豊かになるので、みなさんもキャンドル使いが上手になってほしいです。

Inside

トイレとキッチンは汚れる前に掃除

トイレの掃除は、毎日しています。トイレこそ、いつもきれいにしておきたい場所だからです。掃除といってもトイレシートを点線から2枚にわけ、最初に床を、次にもう1枚で便器を拭くという簡単なもの。毎日これをすると、むしろ掃除が楽になるんですよ。汚れはたまるほど落とすのが大変になり、だから掃除もしたくなくなるという負のスパイラルに陥ります。毎日掃除をして水垢やカビを防いでおけば、嫌な輪ジミもできないので、時間が経って落ちにくくなった汚れをこ

する必要がありません。結果的に少ない労力ですぐにきれいになるので楽というわけ。掃除というより、リセットするというほうが、感覚的に近いかもしれませんね。**毎日の積み重ねはこんな大きな楽にまでつながる**んです。

この「掃除は汚れが目に見える前にする」ルールは、キッチンも同じ。私は毎朝キッチンの排水口まで掃除をしますが、ぬめりがついてからだとやりたくなくなるので、毎日掃除をすることで楽にきれいな状態を保っています。

こういう話をすると「掃除が好きなんですね」と言われますが、それは断じて否定したい！　私だって掃除はしたくないです。でもやらないと気持ちが悪いし、やったほうが幸せに過ごせます。だから、「掃除をするのは自分のため」と思ってしています。主語が自分でないと、嫌になってしまいますからね、この気持ちの持ち方は大事です。

Inside

ゲストには小さな幸せを添える

ゲストが来るときは、小さくてもいいので、おもてなしの気持ちをどこかに潜ませるようにしています。たとえば、ふるまうお茶に季節の花を1輪添える、冷たいおしぼりにラベンダーやミントの香りを吹きかけるなど。ちょっとしたことでいいので、1つ2つプラスすることで、幸せ度はアップします。こうしたことが、緊張をほぐしたり、会話の糸口になったりもします。

実際に、先日仕事の打ち合わせでいらした方に出したお茶に、庭の

ラベンダーの花を1輪添えたのですが、それだけで「かわいい!」「その気持ちがすてき」と褒めてくれました。また別の日には、「そうだ、今日来るお客さんに焼きたてのフィナンシェを食べてほしいな」と、近所の焼き菓子屋さんに買いに行ってお出ししたんですね。そのときも、「朝買いに行ってくださったなんて!」と、とても喜んでくれました。きっと、何を添えるかは大きな問題ではなく、そのおもてなしの気持ちが大事なのだと思います。

私のおもてなしの基本は、「自分がされてうれしいことを人にもする」です。昔おばあちゃんに言われたようなことですが、これを実践しています。人が喜んでいたり幸せそうにしていたりする姿を見ると、こちらもうれしくなりますよね。だから、ゲストの喜びは自分の喜びにもつながっています。

Inside

「幸せ日記」を書く

新月の日に「幸せ日記」を書くことを長い間続けています。新月の日に10個の願いごとを書く「新月日記」を私なりに解釈したもので、書くのは10個の叶えたいことや目標です。新月日記は「〜します」のように完了系で書くことがルールですが、私は「幸せ」「うれしい」「楽しい」「最高」のように、よい言葉で終わるように書きます。そうすると文章がまとまるし、一番しっくりくるから。たとえば、「家族がなかよしで、健康で、本当に幸せ」というように。

新月はほぼ月に一度あるので、書くきっかけになるのがいいところです。日記は気分がのったときに続けて書いたり、空きすぎたりしがちなので。書く日はいつでもいいのですが、新月はリセットのタイミングであり、そこから再スタートするのがこの日記にぴったりと思ってそうしています。なかには叶わずに書き続けていることもありますが、それはきっと背伸びしすぎた目標なんですよね。「白馬に乗った王子様と結婚して幸せ」なんてことを書いてもいいけれど、現実とはかけ離れているでしょう？　ただ、何度も書いているうちにそのことに気がついて自分を見直すことができるので、書くことに意味はあります。だから、何でもいいので思うことを書いてみてください。

書き出すことで単なる願望から実際にやるべきことに変換され、意識して考えることによって行動につながり、それで願いが叶っていくのかなと思っています。

Inside

眠りに落ちるまでのセレモニーを楽しむ

寝るときは、水と読書のためのタブレットを持ってベッドルームに向かいます。ゆっくり読書をしたいときは、リビングで夜の灯り取りのために使っていたキャンドル（あと少しで使い終わるもの）を持っていくこともあります。キャンドルを灯して本を読み、眠くなったら明かりを落として、余韻を楽しみながら眠りに落ちます。

ベッドサイドにいつも置いてあるものもあります。ひとつは安眠効果のあるアロマオイル。あとはリップ、ハンドクリームなどの保湿ケア類。別の場所にあると取りにいくのが面倒でケアを怠りがちですが、側にあればそれを防げます。途中で起きたときや、起き抜けに突如思いついたアイデアを書くためにノートも置いています。

逆に、絶対に持ち込まないと決めているものがスマホです。これを徹底していて、寝室に持って行かないのは当たり前、寝る2時間以上前から触らないようにしています。スマホを見ていると脳が覚醒して寝られなくなるからです。スマホを持ち込まないと、寝る前の時間は思考の時間になるんです。明日のTO DOリストを頭で作ったり、いい考えが思いついたりもします。スマホを見ることで思考が停止してしまい、この貴重な思考タイムがないのは、もったいないですよ！

寝る前にいい香りの石鹸で足を洗うこともルーティーンのひとつです。清潔な足でベッドに入りたいから。これらのちょっとした行為がすっきり気持ちよく眠りに入るための私なりのセレモニーです。

Inside

湯船には塩と
アロマオイルを

お風呂は私にとって「体を浄化し、リフレッシュして生まれ変わる時間」そして「香りを楽しむ時間」です。そのために、湯船には、必ず塩とアロマオイルやバスオイルを入れます。塩で体がリセットされ、香りでいい気分になり、自分を掃除するような感覚です。汗もたくさん出て、とてもすっきりします。

やり方は、塩を好きなだけたっぷりと入れ（最低でも大きめのスプーン山盛り1杯は入れてくださいね）、好きな香りのオイルを数滴加えて混ぜるだけ。塩は天然のものならばなんでもかまいません。食用の1kgの粗塩で十分で、私は旅先で買うことも多く、道の駅などでその地ならではの天然の塩が手頃な値段で手に入るので、チェックしてみてください。アロマオイルはリラックス系のものを選ぶことが多いですが、デトックス系のものなど、好きな香りをその日の気分で選べばOKです。この方法なら手軽だから続けやすいでしょう？　もちろん、バスソルトや入浴剤でもいいのですが、どちらも少々値が張るから、それらは特別な日のものとして取っておき、普段は塩とアロマオイルで十分です。自分で調合すると、お風呂で料理をしているようで楽しいですしね。

これが習慣化したら、次のステップはキャンドルを持ち込むこと。気持ちが落ち着いて、リラックス効果も高まります。「お風呂クッキング」が上手になったら、電気を消してキャンドルを灯しましょう！

Inside

気分のあがるパジャマで寝る準備を整える

寝るときにも気分よくいたいから、自分が好きなものを身につけます。パジャマはプライベート性が高くて、家でひとりで着るもの、もしくは本当に親しい人にしか見せないものですよね。だから、ちょっとガーリーでセクシーなものでもいいかなと思っていて、かわいい度が高めのものを選んでいます。お姫様気分を味わえちゃうし、楽しい気持ちにもなるでしょう?

色は、私の好きな白かベージュ。素材はワッフル地のコットンかリ

ネンで、天然素材のものを選ぶようにしています。形は体を締めつけないロングのワンピースが多いです。寝るときに着るもの以外にも、普段着としてそのまま外にも出られる、部屋着の延長のようなパジャマもあります。朝、そのままの格好で家事ができ、宅配便が来ても出られるくらい、ゴミ捨てくらいならその姿のまま行けるくらいの格好が理想的です。

部屋着と見た目はほぼ同じですが、たとえ同じような部屋着を寝る前に着ていても、その部屋着のまま寝ることはなく、必ず着替えます。着替えることでリセットすると寝るスイッチに切り替わるので、これは私の中の決まりごとです。

パジャマは誰に見せるわけでもないとはいえ、着ていてわくわくするものを選んでほしいです。寝ることはすごく大事ですし、気分がいいとそれだけでいい夢が見られそうですものね！

朝は早く起きる

毎朝4時半~5時には起きていますが、必ずすることは家のリセットです。キッチンの掃除からはじめ、掃除機をかけて洗濯機を回し、家中を整えます。朝に一度リセットすることで家をきれいに保つことができますし、なにより1日が気持ちよく過ごせます。

すべて整え終えてもまだ8時くらいなので、仕事をはじめる10時まではは2時間も余裕があります。ここが私にとっての朝の自由時間。読みたかった本を読んだり、気になっていたところを掃除したり、植物

に水をあげたり、夕食の仕込みをしたり。2時間くらい時間があると、したかったことが片付いて気分よく1日のスタートをきれます。このとき大事なのは、時間のゴールを設けること（私の場合は10時まで）。時間の制限がないとダラダラしてしまい、かえって何もしないからです。ゴールがあるとそれに向かってきびきび動くことができます。

なぜ早く起きられるの？と疑問でしょうが、答えは単純、早く寝るからです。8時間睡眠を目指していて、そのくらい寝ると目覚ましがなくても自然と目が覚めます。最近は、パッと目が覚めたときに「今何時かな？」というひとりクイズをよくしています。ぴったりと何分まで当たることは珍しいですが、「そろそろ5時かな」と思って時計を見ると3分前だったりします。すっきりと目覚め上手になるためには、この感覚を研ぎすますことをおすすめします。

Inside

食材から想像力を働かせて料理を作る

料理をするときは、ある食材で「何が作れるか」を考えることが多いです。限られた食材で作るほうが工夫をするので感性が磨かれますし、何より工作のようで楽しい！　残っている食材と向き合って想像を膨らませて、どうしたらその食材が一番輝くか、生かされるかを考えます。その時間が好きだし、楽しみでもあるんです。

私の食事のメインは、夕食。夕食が早いので食事は2回のことが多く、朝昼兼用の1食は、ごはんと具だくさんのみそ汁と決めています。

なぜなら、品数をたくさん作らなくても野菜をたっぷり食べられるから。大根、にんじん、しいたけ、なす、たけのこ、オクラ、しょうがなど3～5種類の野菜を入れ、健康的で栄養バランスのいい食事を心がけています。夕食はもう少していねいに時間をかけます。できるだけ旬の食材を使い、一つひとつは超シンプルで簡単、でも少し手間をかけて意外な組み合わせを考えて。たとえば、刺身用のいかを作りおきのジェノベーゼソースで炒めるとか、鶏ひき肉にオクラや青じそ、きくらげを混ぜ、ヌクマムを垂らしてエスニック味の鶏だんごにするとか。最近は、たくさん作りすぎないように気をつけています。少量のほうが作りやすく、足りないくらいのほうが感謝もでき、おいしく感じる気もします。フードロスもなくなりますしね！

ちなみに、子どもたちが幼い頃は先に食べさせ、自分はそのあとでゆっくり。慌ただしい中でも食事の時間を楽しむ工夫をしていました。

Inside

小説から想像力を養う

週に2冊くらいは買うほど本が好きで、よく読みます。おもに買うのは翻訳本の小説です。翻訳小説は見聞きしたことがないようなものが登場するので、その描写から想像するのが楽しくて。「パールのついた髪飾り」とあったら、「どんなにすてきなんだろう」とわくわくしますし、「苦いけれど甘みもある、心が落ち着く薬草」なんて書いてあったら、「何それ！」と想像して楽しくなります。文章しかないからこそ、イメージが膨らむんです。想像力を培えるのは本のよさであり、感性を磨くにはうってつけのアイテム。感性を磨けば感じ方が豊かになるので、日々に潜む小さな幸せを見つける感度が上がることにもつながり、毎日が少しハッピーになるんじゃないかな。

ジャンルは、家族ものや恋愛ものなど、ヒューマンドラマ系やドラマティック系が多く、幸せな気分に浸りたいから、ハッピーエンドの非現実的なものを好んで読みます。歴史小説も好きで、昔の話は生活スタイルが今と違うから勉強にもなります。

作家ならノーラ・ロバーツが好き。風景が浮かぶような描写や、どんなものなのかなと想像力をかき立てられる文章が多く、読んでいてわくわくします。読む時間は寝る前が多く、タブレットにダウンロードしたものをベッドに持っていきます。タブレットの明かりがあるから消灯しても読めて便利です。でも寝落ちはしませんよ。ウトウトしはじめたら、タブレットを置いて眠りにつきます。

Inside

手書きの手紙を出す

友人の誕生日や、お世話になった人へ、お礼の手紙を書くようにしています。きっかけは、海外の親友から届く誕生日カードがうれしかったからです。彼女は私が誕生日プレゼントを贈るとそれに対してお礼のカードが届くような筆まめな人。私がカードをもらってこんなにうれしいのだから、誰かにも同じことをしたいと思い、真似をしたのがはじまりです。

思いもよらないときにポストに手紙が入っていると、それだけで温かい気持ちになりますよね。それに、手紙を書くときは少しかしこまって、しっかり考えて書こうという気持ちになるでしょう？　だからなのか、手紙のほうが気持ちが伝わるように感じています。

あまり書くことがなくてスペースが埋められないときは、小さめのカードや、柄が多くて余白が少ないものを選ぶとよいでしょう。私は頻繁に手紙を出すので、オリジナルの「Thank youカード」や「HappyBirthdayカード」を作っています。二つ折りで、定形文をあらかじめ印刷したもので、WakoのWをデザインとして入れています。今は、少ない部数からでもオリジナルのグリーティングカードが作れるサービスもあるから、調べてみてください。

Inside

いい香りに包まれる

リビング、寝室、トイレ、バスルーム、玄関など、家の至るところに香りのアイテムを置いています。家中に香りを仕かけるのは、香りが好きという理由もありますが、「整える」という感覚なんです。家の中には食べものや洗濯ものなど、バラバラな生活のにおいがするでしょう？　要はそれを消すってことですが、それより「統一して整える」というほうが感覚的に近いかな。掃除をして終わりではなく、香りとセットで整え完了です。香りで家族やゲストをもてなす、自分をリラック

スさせて労わるというように、おもてなしの気持ちもあります。
使っているのは、アロマオイルを垂らして電気で温めるタイプやスティックを挿すタイプのディフューザー、アロマキャンドル、スプレーなど。簡単なのはアロマキャンドルで、経済的なのはディフューザー、手軽なのはスプレーです。スプレーなら、わざわざ取りに行かなくても済むように、部屋ごとに置くのがポイントです。なんなら使わなくなった香水でもいいぐらい。トイレなどにシュッとひと吹きしたら、再利用できていいですよね！
香りはフラワー系、リラックス系というようにその日の気分で選べるようにいろいろそろえていますが、一番好きなのはラベンダーで、ゼラニウムも使いますし、ジャスミンもたまにかぎたくなる香りです。「どんな香りをかぎたいか」ということを考えて、まずはあなたの好みの香りを見つけてストックすることからはじめてみてください。

Inside

叶えたいこと、やりたいことを書き出す

叶えたいことや、やりたいことは、書き出すことが大事です。書くと、すべきこととして認識するので、やり遂げられるからです。ポイントは、短期的なものと中長期的なもので、ノートを分けて書くこと。私は短期的なものは一筆箋くらいの大きさのメモ帳を、中長期的なものはA5くらいのノートを使っています。短期的なものはなるべく早く行うTO DOリストのようなもので、「Aさんにメールを送る」など、すぐにやることを書きます。中長期的なものは急がなくてもいいけれ

ど、いつかはしたいことで、たとえば「キッチンに棚を取り付ける」など。いずれにせよ、書くのは願望ではなく、やるべきことや時期は決まっていないけれどやりたいことです。「こうなったらいいな」という夢は、88ページで紹介した幸せ日記に書いています。完了したことは、達成感を得るために横線で消します（これが楽しみなんです）。

なぜ時期でノートを分けるかというと、すべきことの優先順位がごちゃごちゃになるのを避けるためです。それに、時期がバラバラだと、中長期的なことはいつまでたっても消せないでしょう？　分けることで、すっきりするので、この方法はおすすめです！

そして、毎日書き換えることも大事。前日に完了しなかったことでも、翌日同じことをもう一度書きます。それは、紙を新しくしてすっきりしたいからですが、再確認もでき、今日こそ終わらせよう！という気持ちにもなります。

Inside

小さな幸せに目を向ける

「『幸せ！』っていつも言っているね」。こんなふうに言われることがよくあります。それは、私が幸せを見つけるのがうまいからかもしれません。でも、みなさん幸せを大きなものと捉えていませんか？　人生を変えるような大きな幸せはもちろんうれしいですが、毎日楽しく幸せに暮らすためには、そういうことではないと思うんです。私は小さな幸せを積み重ねるほうが、人生の幸せ度は高くなると思っています。庭のグリーンを切ってトイレに飾ったら入るたびに幸せですし、水にライムを1枚入れたらいい香りでそれだって幸せ。使いかけのキャンドルを取り替えてから出かけたときなんて、帰ってきたら灯すだけでいいので、「今朝の私えらい！　なんて幸せなの！」と思います。こんな小さなことでいいんです。小さいと、自分の幸せハードルも下がるから、すぐに幸せを感じることができて、いいことずくめ。幸せへの小さいゴールをたくさん持つことをおすすめしたいです。

マイナス思考だから幸せを見つけられないなんていう人は、目の前の幸せが見えていないだけ。風が爽やかに吹いただけでも、太陽がキラキラしているだけでも幸せなはずですが、それが幸せに結びついていないだけです。小さな幸せはたくさん転がっています。まわりに目を向けて、小さな幸せに気づいてほしいです。私にとっての小さな幸せをすぐに感じられる魔法のアイテムは、キャンドルと香りです。まずはこの2つを試してみるのもいいかもしれません。

Inside

感じたこと、叶えたいことは口に出す

「幸せ」「うれしい」「楽しい」のように、感じたことは言葉に出しましょう。言葉にしたほうが、実際にその状態に近づけると思うからです。「幸せだなぁ」と心の中でじんわり思っているのもいいですが、「あー、幸せ！」と口に出したほうが、まわりへの「幸せ波及」も大きいですしね。そばにいる人が「今日もお花が元気で幸せ」「今日もかわいいグラスでワインが飲めて幸せ」といつもつぶやいていたら、自然と影響されちゃうでしょう？　すると「私も幸せに目を向けよう」というように、意識改革にもなります。

叶えたいことも同じです。言葉に出すと必ず誰かにつながって、叶えるための道すじができます。実際、私も言葉の力を体感したことが何度もあります。少し前にホームページをリニューアルしたいと考えていたときも「個人でフットワーク軽く動ける人いないかな」と口に出していたら、私が求めていたすばらしい人に出会えました。

言葉にすると、「やらなくちゃ」と思って、自分自身の行動も変わります。逆に言うと、やるかどうか自信がないことって言葉にしたくないですよね？　だから、口に出すのは自分に対しての公約みたいなもの。言葉にすることで決心がついたり、頭だけで考えていたものが吐き出されて頭の整理になったりもして、前進することができます。言葉にすることは、自分自身と他人への問いかけであり、物事がうまく進む秘訣でもあるのです。

Inside

プレゼントは自分でラッピングする

家族や友人に贈る大きいギフト、お世話になった人に贈る小さいギフトというように、気持ちを伝えたいときに、私はよくプレゼントを贈ります。選んだものは、自分でラッピングをするのが私のルール。「ラッピングまで?!」と驚かれますが、自分が贈るものだから自ら包みたいし、「**ラッピングまでがプレゼント**」と思っているから。私の家にはラッピングコーナーがあり、グッズもそろっています。そのくらい私にとってラッピングは重要なことです。だって、ラッピングがかわいいと、もらったときにうれしいでしょう？　かわいく包まれたものを開けるときのわくわく感は、そこがクライマックスといえるくらい高揚しますよね！

とはいえ、そんなに難しく考えなくても大丈夫。たとえば、お店で買ってきた個包装の焼き菓子にシールを貼るだけでもＯＫ。それだけでも、ひと工夫の気持ちがうれしいと思ってもらえるはずです。

プレゼントを贈るうえで気をつけているのは、手書きのメッセージを付けることと、当日に到着するように手配することです。プレゼントだけが届くよりもカードが付いていたほうがうれしさは倍になるし、遅れて届くよりも当日に届いたほうが「覚えていてくれたんだ」と、喜びをより強く感じてもらえます。この小さな気配りを大事にしています。

Inside

プレゼントは見つけたときに買っておく

誕生日やクリスマスなどのプレゼントは、そのために買いに行くのではなく、**気に入ったものを見つけたときに買っておきます。**だから、私の家には1年先のプレゼントが隠してあったり、誰に渡すか決めていないものが置いてあったりします。

たいていの人は、いいものが見つかっても、誕生日がまだ先ならば買わないでしょうが、プレゼントって探そうと思うと見つからないものですよね。それに直前に買いに行くとあげたいものを見つけるのが

大変で、結局見つからなくてある程度のもので諦めてしまいがちでしょう？　そんなにあげたいものではないプレゼントを贈るのは、時間もお金ももったいないです。見つけたときに買っておけば、贈りたいものを渡せますし、セールでいいものが見つけられたら、同じ予算でもそれ以上のものを買うこともできます。気に入ったものを買うわけだから、もし渡す機会がないのならば、自分で使えばいいですしね。

家族へのプレゼントは、旅行や憧れのホテルの宿泊にすることもあるので、セール期間のチケットを手にできたら節約にもなります。実際、今年の娘の誕生プレゼントはホテルの宿泊チケットにしましたが、通常価格よりもグッとお得に泊まれましたよ。

前々から計画を立てたり、見つけたときに買っておいたりするだけで、結果的に時間やお金の節約につながる「プレゼントストック」の技、とってもおすすめです。

Inside

自分の機嫌は自分でとる

普通に生活をしていると、誰かに嫌なことを言われて気分が悪くなったり、思い通りにならなくて気分が落ち込んだりすることは、必ずあります。もちろん、私にもあります。でも、気分が悪くなるその原因を排除することはできません。それならば、自分で自分の感情をコントロールして、嫌なことがあっても機嫌よく過ごせる思考を持ったほうがいいのではないでしょうか。誰かに話を聞いてもらうなど、人の助けを借りて機嫌をよくする方法も悪くはありませんが、自分の力でコントロールできるようになったほうが、憂鬱な時間が少なくて済みますし、回復も早いからです。それには、切り替え上手になることが大事ですし、私自身そうできるように心がけています。お茶を飲む、お風呂に入るなど、どんなことでもいいので、切り替えができるお気に入りの行為を持っておくといいですよ。私の場合はキャンドル。灯すだけで、ほわっと幸せな気持ちに満たされます。

あとは、108ページでお伝えしたように、小さな幸せに目を向けるのもいい方法です。嫌なことがあったけれど、こんなにいいこともあるよねと、幸せでマスキングしてしまうというのかな。これも切り替えのひとつなのかもしれません。

もうひとつ、忘れ上手になることも大事です。嫌なことが起きた事実は変わらないのだから、そのことをずっと考えているのはむだなこと。一晩寝たら忘れてしまうくらいになれるといいですよね。

Inside

失敗しても後悔はしない

私も失敗をすることはあるので、気持ちが落ち込むときもありますが、後悔はしません。「失敗には意味がある」「失敗は成功のもと」と捉え、自分を見直して次に生かすようにしています。

たとえば、買った洋服が似合わなかったとします。そのときは後悔ではなくて、似合わないことがわかってよかったと思うようにします。運動で腰を痛めたとします。どうしてあんな動きをしたんだろうと悔やみはしますが、それによって普段の健康のありがたさに気がつくことができます。安い飛行機のチケットを買い忘れてしまい、翌日は倍の値段になっていたとします。それなら日程を変えてもっと安いチケットを予約しようと気持ちを切り替えます。

要は、どこにスポットを当てて考えるかということ。人生は悪いことばかりが続くわけではないから、絶対にいいことも起こっているはずです。そこを見るか見ないかだけの違いなんですよね。私はいいことを探してそこに目を向けたいし、みなさんにも探してほしいです。

昔からこの思考だったわけではなく、以前はうじうじと考えることも多くありました。でも、あるときに「後悔はしない！」と自分で決めたんです。うじうじしている時間がもったいないと思ったから。失敗はショックですが、俯瞰《ふかん》したり時間がたてば、大したことではないと思えるんですよね。こう考えられるようになったら、後悔をしなくなって、自分の扱い方が上手になったなと思います。

Inside

未来の自分を想像して行動する

未来といっても壮大なことではなく、**想像するのは少し先の未来のこと**です。たとえば、夕食の支度をしてから出かけたら、帰ってきて準備がしてあるからすごく楽で幸せな気持ちになります。キャンドルを交換しておけば、薄暗くなったら火を灯すだけで済むから、これもとっても幸せ。ワインのボトルとグラスをトレーにまとめてセットしておくだけで、帰ってきたら「用意がしてある！」と幸福感に満たされます。これを私は「夕方4時の自分に向けてがんばる！」と思って

やっています。小さいことでいいので、数時間後の自分、明日の自分を想像して、そのために今がんばりましょう。

トイレ掃除のように、面倒だと思うようなことも同じです。嫌だなとは思うかもしれませんが（私だって思います）、毎日便器をさっと拭くだけで、10年後もきっときれいのまま。1か月に1回しか掃除をしないトイレと比べたら、雲泥の差でしょう。こんなふうに、今少しがんばることで未来に幸せが待っていることを想像して行動してみてください。それだけで、驚くほど幸せになれますし、しかもその幸せは無《タ》料《ダ》なのですから！

この幸せは、誰かに与えてもらおうなんて考えてはいけませんよ。人に喜ばせてもらおうと思っているから思い通りにならなくてがっかりしてしまうのだから、自分を喜ばせるためには自分でがんばらなきゃね！

Inside

自分のための
ミニ事業計画を立てる

中長期的なやりたいことを、プロジェクトと位置付けて、常に1〜2個持っておくことをおすすめします。たとえるなら、あなた自身が会社のようなもの。会社が発展するのと同じように、あなたが幸せになるために、プロジェクトを自分に用意するのです。そう考えたらなんだか楽しくなってきますよね！

用意するプロジェクトは、ＴＯ ＤＯリストに書くようなことや、すぐに終わるような小さなことではなく、完成するまでにステップがある少し大きなことがベストです。私も少し前に「くつろげる庭にする」というプロジェクトを自分に用意しました。この計画を立ててから、大工さんと庭師さんを計画的に手配して少しずつ改装をし、3か月くらいしてようやく完成！　植木を増えてソファーも置いたので昼は風を感じながら庭で本が読めるようになり、ランプを設置したので夜はキャンドルを灯してグリーンを眺めながら過ごせるようにもなり、とても満足しています。おすすめは、形に残り、成果が目に見えることですが、旅行の計画もいいと思います。行きたい場所を選ぶことからはじめ、飛行機やホテルの予約など考えることはたくさんあります。

人生の中でこうしたプロジェクトを常に持っていると、生きる目標になり、未来の楽しみがあって、日々に張りが出ます。さらに、達成感や充足感も得られ、それが人生の豊さにつながります。プロジェクトは、いうならば「輝く素」ですね！

Chapter

3

外でできる感性の育て方

Outside

自分なりの幸せ基準を探しましょう！

生活するにおいて、人間関係やお金のこと、余暇の使い方について、自分の基準や指針を決めておくことは、とても大事です。ちょっと大げさにいうと、それはどう生きていくかを決めることだと思うからです。私の基準は、いずれの場合も「わくわくするかどうか」です。

わくわくする人と付き合いたいし、わくわくすることにお金を費やしたいし、わくわくする場所を訪れたい。そのわくわくをどのようにして得ているのか、または得ようとしているのかを、この3章ではお伝えします。2章でお話ししたのは自己完結型の幸せを見つける方法でしたが、ここで紹介するのは、相手がいる場合だったり家の外での過ごし方だったり、視野を外に向けたときの幸せの見つけ方です。その中でもとくに、旅についてはページを割きました。「暮らすように旅する」というモットーを掲げているくらい、私の人生において旅は必須のものだから。

「Ｗａｋｏさんは自分の好きがしっかりあるよね」と言われることがあるのですが、それを決めるのに、人とちょっと違う価値観があるとしたら、誰かがいいと言ったこと、誰かの評価を得たものが必ずしも私にもいいとは限らないという視点を常に持っていることでしょうか。たとえば、海外に行ったとき。誰もが買うようなその国の定番のお土産があったとしても、自分がいいと思わなければ買いません。誰の評価も得てはいないかもしれないけれど、市場で見つけた私のアンテナに引っかかったもののほうを買います。旅での過ごし方も、みんなが集う観光地には行かず、借りた一軒家で読書をしたりプールに入ったりして過ごします。それもこれも、私が明確な好きの基準を持っているからだと思います。こんなふうに、自分の基準があると、人に流されないから人生が楽しく過ごせます。

ここで紹介するのは、こうした私の基準です。あなたに引っかかるものがひとつでもあれば、うれしいな。

Outside

それぞれのスーパーの得意分野を知っておく

「肉ならAスーパーが信頼がおける」「魚ならBマーケットが新鮮で、お店の人も親切」「野菜ならC屋がおいしくて量も多い」など、スーパーにはそれぞれ得意なジャンルがあります。私の頭の中にはこうしたデータが蓄積されていて、食材を買いに行くときは、このデータを起動させ、行く場所を決めています。同じ価格なら質のいいものを買いたいし、よりおいしいものを食べたいからです。このデータがあると、効率よくお金を使えるので、結果的においしいものが、まっとう

な値段で買うことができます。
たとえば、コリアンダーをたっぷり使った香味サラダを作りたいとき、Aスーパーで500円だったとします。そこでデータを働かせ、「この値段でより新鮮なものが買えるのは?」「C屋だ」となるわけです。底値を基準にしているわけではないから節約の観点とは違いますが、「新鮮でおいしい」に価値観を置くのなら、お得な買い方じゃないかな。みなさんもお気に入りのスーパーを何軒か持っておくといいですよ。
スーパーでは、頭をフル回転させて、想像力を働かせて回っています。「いわしがピカピカ!　にんにくと赤唐辛子を入れてオリーブオイルで焼こうかな」と想像し、同時に「半端野菜があるから野菜は買わなくていいな」というように。この時間がとても楽しくて好きですね。家にある食材と買ってきた食材をパズルのように組み合わせておいしいものが作れたときは、天才!なんて思っちゃいます。

Outside

買うのはきゅんとするものと、本当に必要なものだけ

買いものの基準は、安いからではなく、かといって高いものとは限らず、私がほしいもの、私がきゅんとくるものを買います。「私が」とあえて書いたのは、みんながいいというものが、私もいいと思えるとは限らないからです。だから、小物であろうと洋服であろうと、見たり使ったりしている自分を具体的に想像して、わくわくできるかどうかを考えて買うことにしています。なんとなく合いそうとか、いいなというだけでは買いません。

そのときに役立つのが、好きな色を把握しておくこと。私の場合は白とベージュなので、洋服なら買うのは基本的にこの2色と決めています。お店でもこの色の服しか見ないので、迷う時間が減りました。

ワインやキャンドル、花などの嗜好品は、私の生活を豊かにするために必要なものだから、ここにはお金を使います。でも、やみくもに買うわけではありません。キャンドルなら、普段使いのものならば大容量のものを手頃な値段で買います。単に灯り取りのためなのに、高価なアロマキャンドルを使う必要はないですよね。花も旬のものを買うので、結果的にリーズナブルに手に入れています。一方で、ワインは好きなので、ときには多少高いものも買いますが、これは考え方次第。外食したらもっと高くつきますし、同じ値段なら家で飲んだほうがお得です。こんなふうにすると、意外とお金はかかりません。でも、私にとっての幸せ基準は満たしているので満足なんです。

Outside

お金は優先順位をつけて使う

お金の使い方はバランスが大事です。無限にあるわけではないので、限られた中でどこにどのように分配して、いかに豊かさを感じながら生活できるかを考えて使いみちを決めています。

たとえば、私は外食よりも家で食べるほうが好きなので、外食はほとんどしません。買ってきた食材を自分で調理するので、お店で食べるよりもずっと価格を抑えられます。旅行は大好きなので、ここにはそれなりにお金を使います。衣料品なら、カバンや靴は良質なものを使いたいからお金をかけます。高いものを買うときは、すぐに飽きるものでなく、数十年先の自分がわくわくして持っていたいと思えるか、娘たちが大人になったときに使いたいと思ってくれるか、つまり「長く使えるかどうか」を判断基準にしています。一方で、洋服はプチプラのもので十分。昔は色もデザインも違う服がほしくていろいろ買っていましたが、今はそんなに必要ないと考え方が変わり、それよりもいかに心地よく暮らすかのほうが大事になりました。

　こんなふうに、自分が何が好きで、どうしたいかを念頭に、どこにお金をかけるのかを考えれば、自ずとお金の使い道は決まってくるはずです。どこに重きを置くかは人それぞれですが、全部にお金はかけられません。だからこそ、自分は何を大事にしたいか、何をすれば幸せを感じるのかをはっきりさせることが大事。これからは、こんなふうに生きていくのが賢くハッピーに暮らす方法なのかなと思います。

体験を大切にする

「考えるより行動」とはよく言う言葉ですが、私はまさにこれ。習ったり勉強したりする前に、まずは動いてみます。初めてのことは習いに行ったらできるようになるわけではないし、やってみないとわからないことがたくさんあるからです。

たとえば料理なら、たとえ途中の工程がセオリー通りではなくても最終的においしければいいと思うし、方法はひとつではないですよね。教科書通りではないからうっかりしたことで失敗しますが、成功もします。その思いもよらない発見は、体験だからこそ味わえるものです。ルールがあると、ついそれに縛られすぎてしまうでしょう？　すると楽しくなくなってしまいますし、自由な発想も生まれにくくなります。「こうしなくてはいけない」を捨てるとグッと楽に、楽しく生きられるようになるよ！と伝えたいですね。もちろん、習うのが悪いわけではありません。でも、習って終わりではだめです。そこから何かを得て、最終的には自分のスタイルを作ってほしいです。

それに体験したことは、価値観を育むことにもつながります。実際、私が家のトイレを常にきれいしているのは、幼い頃に連れて行ってもらった高級ホテルでの体験が元になっています。そのホテルではトイレを1人が使ったらさっと拭いてくれるようなスタッフが常駐していて、トイレがとてもきれいだったんです。それに衝撃を受けて、私もそんな生活をしたい！と思ったことが今の生活につながっています。

Outside

行事はイベントごととして楽しむ

我が家で力を入れる行事はクリスマス。プレゼントリストを作り、クリスマスツリーを夏頃に早々に手配して、かなり前から準備に入ります。12月になったら、ペーパーナプキンをクリスマス柄にしたり、お弁当にクリスマスを感じる食材を使ったり、生活にクリスマス要素を取り入れて盛り上げていきます。そして、当日はチキンを焼いてテーブルセッティングし、家族で食卓を囲みます。ちなみに、クリスマスイブは、映画の『ホリデイ』を見るのが我が家の毎年の決まりごと（何

度も見ていますが、見るたびに幸せな気持ちになるんですよ！）。こんなふうに準備をしながら高揚感を高めていく私の姿を子どもたちは見てきているので、今では「ママって最高だよね！」なんて言われています。実際、子どもたちにとって、クリスマスイコール楽しいこととして刷り込まれているようです。

　これ以外の行事は、形式に捉われると疲れてしまうから、ひとつのイベントごととして楽しんでいます。お正月なら、おせち料理を食べることにこだわるのではなく、いつもより豪華な食材を並べて、あとはドレスコードを白と決めて家族で集まるというように。ドレスコードのような「こうしたら楽しくない？」という「わくわく要素」を自ら仕かけることが行事をより楽しむコツです。実は、こうした「わくわく要素」は行事だから取り入れているのではなく、日常にも少しずつ仕かけています。そうすることで毎日も楽しく過ごせます。

Outside

ふとしたものにアートを感じる

私にとってのアートとは、街並みそのもの。日本にも美しい場所はたくさんありますが、異国感や異文化に触れることが好きなので、感性を刺激されるのは海外であることが多いです。街並みを見たくて海外に行くとも言えるくらいで、至る場所を見てはきゅんきゅんしています。南フランスの道を走っているときに見た、道の両脇の草と前方にある家のゲートのコンビネーションがすてきだったり、古い石畳の朽ちている様子がかっこよかったり、イタリアで見た床のレンガに興奮したり。ドアや壁の装飾、窓枠の素材、排水口までをも観察して、「どうやって作ったのかな」「こんな素材を使うのか」と思考がわーっと巡り、脳が活性化していることを実感します。

海外に行って感じるのは、小さな幸せを生活に取り入れるのが上手ということ。誰かの家に訪問したら部屋に庭の花が生けてあったり、食事にフレッシュなローズマリーが添えてあったり、ホテルに帰ったらベッドにハーブが置かれていたり。こんな「日常のプチアート」ともいえるようなことに触れると、とても感動します。お金をかけて豪華な花で飾ったホテルのエントランスはもちろんすてきですが、お金をかけているのだからある意味当たり前。そういうことではなく、毎日の生活にプチアートを取り入れるほうが私にとってはずっと魅力的だし、「真似をしたい」「これなら私にもできそう」と思わされます。ちょっとしたことなのに、幸せ度がグッと上がるんですよね。

Outside

運動は未来の自分のため

１２０ページに未来を想像して生きると書きましたが、これは健康についても同じです。私は週１回、体幹を鍛えるトレーニングとストレッチを、かれこれ15年ほど続けています。でも、運動が好きなわけではないから、積極的にやりたいことではないんですよね。でも、年を重ねてもいろいろなところに行きたいし、自分の足で元気に歩きたいから、「やりたくはないけれど、**やったほうが未来の私は幸せ**。だったらやろう！」と思ってがんばっています。

ある先生から聞いた話では、病気知らずで幸せに過ごす条件は、「良質な食事、質のよい十分な睡眠、ストレスをため込まない生活、適度な運動」なんですって。だから、運動はやらないよりはやったほうがいいですよね。体が健康でないと心にも影響が及んでネガティブな気持ちになってしまうから、やっぱり運動は必要なものです。

運動を何もしていない人は週1回でいいので、続けられることを今すぐはじめましょう。最寄り駅のひとつ前で降りて歩くのでも、ヨガでも何でもかまいません。いきなりハードな運動だと続かないので、自分に合う運動を見つけるのが大事。私自身、がんばってランニングをしたこともありましたが1週間も続かなかったので、無理が伴うがんばりはもうやめました。ちなみに、母は毎朝近くの公園でラジオ体操をしていて、今もとても元気です。

10年後、20年後の自分を想像して一緒にがんばりましょう！

Outside

わくわくする人と会う

同じ時間を過ごすなら、文句を言うよりも、楽しい話をしていたい！

だから、わくわくする人と会っていたいし、自分もわくわくされる人でありたいと思っています。時間は有限なのだから、いい時間を過ごしたいですもの。それに、自分がわくわくする人でいるためには、やっぱりわくわくする人と会っていないとそうはなれません。文句や愚痴ばかりを聞いていたらその感情に巻き込まれて自分も落ち込んでしまって、人にわくわくはあげられないですから。

そうは言っても苦手な人や、物事をネガティブに捉える人と会わなくてはいけないこともあるでしょう。そういう人に対しては、まずは話を聞いて、理解したうえで、前向きな言葉を返すようにしています。たとえば、「私ばかりが仕事をしている」「嫌な人がいて」と仕事の愚痴を言われたら、「辞めてもいいんじゃない？（笑）」と提案したうえで、「でもそういう人がいるから自分はそうならないようにしようって思えるね。人の優しさにも感謝できるね！」というように、現状をどうしたら楽しいほうに転換できるかの言葉を返します。卑下する人に対しても同じです。「そのネックレス似合うね」とほめたのに、「安ものだし」と返されたら「買いもの上手だね、安く見えない！」というように。

悪いところばかりを見る人は、いいところが見えていないだけ。私には見えているわけだから、気がついていない幸せポイントを伝えてあげましょう！

Outside

悪口は聞かない、言わないようにする

悪口や愚痴は聞かないようにしています。たとえ聞いたとしても、同調しないように、巻き込まれないように気をつけています。なぜなら、ネガティブな感情に引っ張られて自分も落ち込んでしまうからです。

ときに、愚痴は盛り上がったり、気持ちがすっきりしたりすることもありますが、愚痴を聞くとこちらも何か嫌なことを言わなくちゃいけないのかなという気持ちになって、場を盛り上げるためにわざわざ自分の嫌な話をしてしまうなんてことはありませんか？　話を合わせている自分にも嫌気がさしますし、あとから「なんであんな話しちゃったんだろう。あの言い方はよくなかったな」と後悔して、しばらくあと味が悪いこともあるでしょう。そんなことに時間を費やすのはもったいないですし、自分の中からマイナスな気持ちが生まれるのも嫌です。だから悪口は言わないようにしたいし、同調もしないことが大事です。

人間関係は、相手を変えることよりも自分が変わることのほうが簡単なので、もし付き合い方が変わらないなら、いっそのことその関係性を見直してもいいのかもしれません。強烈な提案かもしれませんが、そういう「おいしくなかった関係」は二度と食べないようにするのも一案だと思います。これは決して冷たいわけではなく、自分の気持ちが健康でいるためのテクニックです。

Outside

お世話になった人とのつながりはプチギフトで

お世話になった人に感謝の気持ちを伝えたいときは、ギフトを贈ります。人付き合いにおいて、思いを伝えることを大事にしたいからです。一方で、お中元やお歳暮は贈らないと決めています。しきたりだから贈るのではなく、贈りたいと思ったときにできることをするのがいいと思っているからです。だからこそ、なんでもない日のプチギフト！　贈りたいときがギフトの日です。相手はもらえると思っていないから、余計にうれしいと感じてくれるはずです。

渡すものは、相手の負担になりすぎず、これなら使ってもらえるかなというものを基準に選びます。お菓子やキャンドル、ボディソープなどの消耗品が多いかな。フレーバーソルトや小さな調味料など、もっとライトなものをあげることもあり、それらは常に包んで家に置いてあって、思い立ったときにすぐ渡せるようにしています。

ものは何であれ、私にとってギフトは、感謝の気持ちや、あなたのことを思っていますよという気持ちを伝えるためのコミュニケーションツールなんですよね。

逆に、いただいたギフトには感想を添えて必ずお礼状を書きます。これも大事にしていることのひとつです。自分自身も、お手紙をもらってうれしかったからです。

Outside

自分がされてうれしいことを相手にも

「自分がされてうれしいことをする。されて嫌なことはしない」が私のモットー。相手が伴う行動のすべてはこれが基軸になっています。プレゼントや手書きの手紙を贈るのも、お茶に小さな花を1輪添えるのも、自分がされてうれしいから。人に何かをするときは、自分だったらどう思うかを考えるようにしています。

お金をかけるのではなく、ちょっとしたことでいいんです。要は、「あなたのことを気にかけていますよ」「大切にしていますよ」という心づかいです。当たり前のことのようですが、意外とできないことが多く、でもとても大事なことです。

とはいえ、されてうれしいことは案外気づきにくいものです。身近な例でいうと、洗濯ものをたたんであるのが当たり前だと、それ自体が当然のことになってしまい、ありがたさに気がつきません。私はたたむ側なので、それに気がついてもらいたいわけです。そんなときどうしているかというと、放っておきます。実際、私はあるときから子どもたちの洗濯ものをたたむのをやめました。でも、ときどきたたんであげます。このときどきたたむのがポイントで、これを使い分けると、されてうれしいことに気がついて、自発的に行動ができるようになるはずです。要は、されてうれしいことも嫌なことも、その人の立場になって考えることができないとわかりません。想像だけで立ち回れるようになれればベストですが、それまでは身をもって体験です。

Outside

伝え方を少し工夫してみる

自分がされてうれしいこと、逆に言うと自分がしてほしいことは、言葉に出さないとわからないので、きちんと言葉で伝えるようにしています。ただ、言い方には気をつけています。こちらに悪気やえらそうにする気持ちがなくても、選ぶ言葉によって相手や自分自身を嫌な気分にさせてしまうこともあるからです。

たとえば「Ｗａｋｏさんて、いつもきれいにしていてすごいですよね。私にはできない」と言われたら「私もめんどくさいと感じますが、あとで必ずやってよかったと思うので、少しずつでいいからはじめてみるといいですよ」というような返し方をします。「私はいつもこうしています！」と言い切ってしまうと、押し付けがましくなってしまうからです。家族にも使え方は工夫しています。たとえば、「台所の片付け、すっごく大変だった！」ではなく、「やっぱりシンクはきれいなほうが気持ちいいよね。次に使う人もうれしいよね」と、恩着せがましくならないように伝えます。なぜかというと、アピールだけだと人には響かないからです。後者の言い方だと、終わりが「気持ちいい」「うれしい」という自分ごとにすり替わるから、実感できるというか、実体験のように思えるんですよ。つまり、相手に気がついてもらいやすいから実際の行動につながりやすいんです。これは、けっこういいテクニックなので、ぜひみなさんも！　私はこの言い回しで、家族に日々コツコツと実感させて、密かに洗脳しちゃっています。

Outside

「ありがとう」を口癖にする

「すみません」を「ありがとう」に変えましょう！　これは常々私が思っていることです。

日本人は、「ありがとう」の意味で「すみません」を多用しがちですが、ありがとうは気持ちのモチベーションとしては上がる言葉なのに対し、すみませんは下がる言葉ですよね。「すみません」と言うと、悪いことをしているわけではないのに謝っているのも変ですし、謝ってもらいたいわけではないですしね。それなら、「ありがとう」を使いたいし、相手も言われてうれしいのは「ありがとう」のほうですよね。「すみません」は、たいてい「ありがとう」で対応できます。たとえば、仕事のシフトを変わってもらったとき、私は「すみません」ではなく「ありがとう」と言います。ドアを開けてくれたら、席を譲ってもらったら、「すみません」ではなくて「ありがとう」ですよ！　頑なに謝らないわけではなく、そういう気持ちでいましょう！という提案です。置き換えできない場合もありますし、謝るべきときはしっかり謝らないといけないので、そこは気をつけてくださいね。

「すみません」を言う前に「ありがとう」で対応できないか、一度考えることを心がけてみてください。私もいまだに「どっちだっけ？」と考えてしまいますが、なるべく「ありがとう」を選ぶようにしています。

Journey

旅の計画はどこで何をしたいかからスタート

旅行の計画は1年前くらいから、行きたいところリストを作るところからはじめます。リストは、休暇目的で行く国、買い付けも兼ねた国、いつか行ってみたい国の3本柱で作っていて、ここからそのときの気分で行き先を選びます。誰でも「あの国にいつか行ってみたい」「あの国であれを見てみたい」という願望はあるでしょうけれど、リスト化まではしていないのでは？　リストにしておくと、旅行に行けるときにすぐに計画に移れて、効率よく計画が立てられます。

次にするのは、その場所のいい季節を調べること。それがわかったらようやくいつ行くかを決めます。たいての人は休みがあるから旅行の計画を立てるかもしれませんが、私の場合は旅行に行くから休みを取るので順番が逆です。こうするといい季節に行けたり、安い時期を狙えたり、目的に合う旅ができるので満足度が高く、結果的にリーズナブルな旅ができます。実際、5月のバリがおすすめと聞いてその時期に行ったのですが、ホテルの予約は比較的取りやすいうえに安く、天気もよくて、これまで訪れたどの季節より満足できました。

でも、たとえ行きたい場所が、いい季節で、安く行けたとしても、わくわくする宿泊先が見つからなかったら、その国に行くのはやめます。旅の目的は観光ではなく、その場所で暮らすように生活する「プチ移住」だから。快適に過ごせる部屋かを念入りにチェックして、これがクリアできたら行き先確定です！

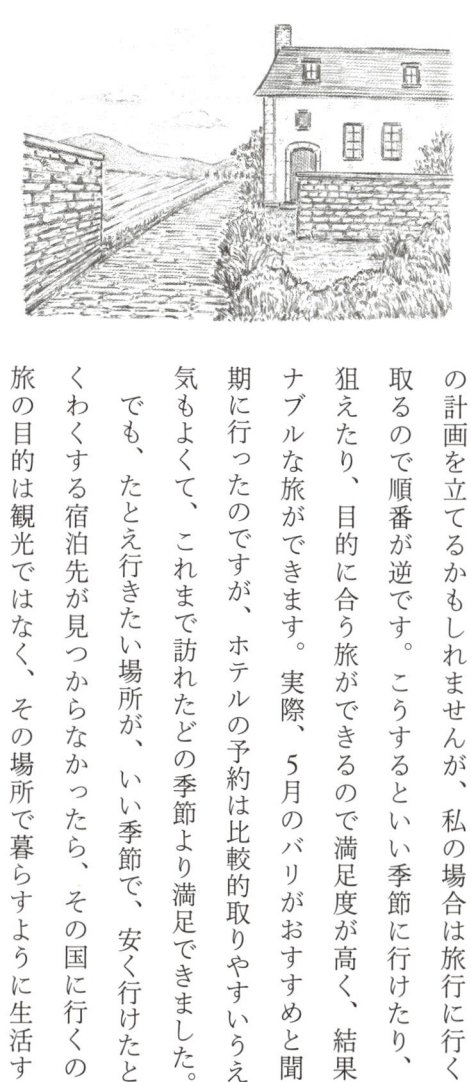

Journey

宿泊先選びはわくわくを基準に慎重に

私の旅で一番重視するのは宿泊先です。泊まりたい部屋があるかどうかで行き先を決めると言っても過言ではないくらい。どうしてかというと、旅の目的が訪れた地で暮らすように過ごす「プチ移住」だから。それをするために、私は旅に出るのです。

この目的に合う宿泊先となると、ホテルよりも家や部屋を借りるほうが都合がよく、自然とそうしたところに泊まることが多くなりました。もちろんホテルは快適ですが、キッチンがないから料理ができないことがネック。部屋が狭い割に値段が高く、家ほど好き勝手にはできません。お金も含めた自分のできる範囲でやりたいことをして、最高の旅にしたい！と考えた結果が、家や部屋を借りることでした。

宿泊先イコールホテルという人が多いので、どうやって探すのかと聞かれますが、検索ワードを入れてインターネットで探すだけ。写真は重要な判断材料なのでたくさん見ます。複数の予約サイトで同じ宿泊場所を見比べ、コメントや星の数も参考にします。それでも失敗することはありますが、それはどこかに妥協していたり、期待しすぎていたりするからなんですよね。それは絶対にしてはだめと失敗から学んでいます。何があるかを見ることも大事ですが、何がないかを確認することも大事。最近はひとつでも嫌な要素があったら、もっといいところはないかなと探します。じっくり検討したあとは、ここに泊まってみたいと思えるか、わくわくするかを自分に問うて決めています。

Journey

滞在先のスタートは巣作りから

暮らすように過ごすのが私の旅のモットー。だから、着いたらまず、私の生活に欠かせない花を買います。生けるのは、滞在先にある口をゆすぐコップだったりピッチャーだったり、あるものを活用していま す。花があるだけで幸せな気持ちになれますし、「私の陣地」という感じも高まってリラックスできます。

あとは、私にとっての生活必需品のキャンドルを設置して、ワインを用意。どちらも現地で買うこともありますが、初日に手配するのが難しいことが多いので、最近は自宅から持って行くことにしています。キャンドルは大きめのものを2つくらいとキャンドルホルダー、着火器具を「トラベルキャンドル」としてまとめていて、それを持って行きます。この3つがマストで、とりあえずの巣作りは完成です。

あとは、バスソルトとバスオイルのお風呂まわりのグッズも整えます。オイルは持参しますが、塩は滞在先でその土地の天然塩を買うことが多いです。そのほうが現地ならではのものを使うことができますし、安く手に入れることもできます。塩は袋のままではわくわくしないから、使う前に容器に移します。こういうちょっとしたことも、楽しく過ごすために大事なので、妥協しないようにしています。

こうして「私の部屋」を作り上げて生活空間を整えたら、いつもの私の暮らしをはじめます。空気や人、風景が違うから、同じことをするのでも、一つひとつの行動に楽しい！って思えるんですよね。

Journey

ゆったり過ごせる時間を確保する

旅先ではゆっくり過ごしたいから、国内旅行でも最低3泊、海外旅行期間はできる限り長く設けます。1~2泊では往復するだけで疲れてしまいますし、せっかく行くのだからバタバタと過ごしたくないですよね。

長期滞在のいいところは、長くいるからこそ見えてくるものがあるということ。短期間だと、観光したりごはんを食べたりするだけで時間が過ぎていき、まるでTODOリストをこなすかのようになって、疲弊してしまいます。それが長期滞在だと、観光や買いものをしてもまだ時間があるので、優先順位が低かったことに挑戦できたり、気に入った場所に何度も行けたり、街の人の生活を観察したりする余裕ができます。すると、現地のすてきな服装を真似して街に出てみたり、街のおばあちゃんのかわいい格好が目に入ってきたり、海外にいるからこそ目に入るすてきポイントを見つけることができて、より楽しめます。私自身、白い洋服を着るようになったのは、海外でおばあちゃんが白をかわいく着こなしていたのを見たからなんですよ。

日本人は、あれもこれもと詰め込み過ぎる傾向がありますが、こなすように過ごした時間って、意外と覚えていないですよね？「今日は市場だけ」「プールでのんびり」というように、ハイライトは1日1個で十分！慌ただしい観光客からステップアップし、旅上手になるには、まずは長い期間が必要です。

Journey

旅先では暮らすように過ごす

旅先で私がすることといったら、料理、読書、映画鑑賞、街歩きなどの「生活」です。いつも日本ですることと同じですが、空気や景色が違うので、全然同じではありません。毎回、どの地でも「楽しい！」と思って生活しています。

そうした日々で、必ず行く場所のひとつが市場です。その場の雰囲気を楽しんだり、食べものや雑貨などを見たりするのが好きで、異文化を体感するだけでテンションが上がり、歩いているだけでもわくわくします。市場の歩き方は、どこに行くかは決めずに、思うがままに進みます。そして、帰るときにはじめてスマホのマップアプリを開いて戻る、という歩き方をします。広い市場の場合、思いもよらないところまで歩いてきていることも少なくないんですけどね。

地元のスーパーをのぞくのも大好きで、「こんなにチーズの種類がある！」「マンゴーがおいしそう！　しかも安い！」とあれこれ物色するのは本当に楽しい！　食べてみたいもの、使ってみたいものを買ってきて、現地の食材で料理を作るとびっくりするくらいおいしくて、幸せです。

158ページで宿泊場所を選ぶ話をしましたが、もうひとつ補足するとしたら、こんなふうに自分がそこで何をしたいのかをしっかりイメージすること。そうすれば、あなたにぴったりの宿泊場所が見つかるはずですよ。

Journey

心からゆっくりくつろぐ時間を過ごす

旅に出ると、家の用事のあれこれから解放されるので、心底くつろぐことができます。それも、旅のいいところです。家事は無限だから常にやることがあり、家にいるとつい動いてしまいます。動かなかったとしても「やることがあるのにダラダラしている」という少しの罪悪感が頭のどこかにあって、本当の意味でくつろぐことができません。それが旅先では、物理的に家事ができないから、その時間を満喫できるんですよね。自分も含めた誰の反応も気にせずに過ごせますし。

もちろん、旅先でも自宅同様に、スマホは機内モードにして支配されないようにします。ただし、旅行の場合は、緊急時のために滞在先の名前、ホテルなら部屋番号は最低限家族に伝えておきます。

あとは、日本にいるときと同じく、夕方からのワインの時間が私にとっての1日のハイライトなので、それを楽しみに過ごします。心ゆくまで本を読んだり、プールサイドで昼寝をしたり、買いものに行ったり、料理をしたり。食材が違うから日本で作るのとは違った楽しさを体感できますし、たとえほしかった食材が手に入らなくてもそういう不便さすら楽しい！　そんなふうに思えるのは、旅のマジックですよね。

Journey

旅のお金の使い方

旅先でのお金に関するストレスはゼロにしたいから、キャッシュを出発前までに用意して旅立つようにしています。というのも、日本の空港で換金したり、旅先で換金場所を探したり、レートのことを考えたりと、余計な時間を使ったり心配をしたりしたくないからです。キャッシュを十分に持っておくと、かえって冷静になれて、いらないものの判別が意外とできるんですよ。

旅先では楽しく過ごすことを最優先したいから、お金はあまり出し

惜しみしないことにしています。滞在を快適にするためならば、いとわず払います。せっかく旅に出たのだから、このときくらいは少しくらい節約精神を忘れてもいいんじゃないかな。

買いものも、海外においては、買わない後悔なら買って後悔しよう精神です。そして、たとえ通常より高い金額で買ってしまったものがあったとしても、頼んだものがおいしくなかったとしても、気にしないようにしています。旅先でマイナスな気持ちに支配されていたらもったいないですから。

ところで、私はお土産を買いません。自分のために旅行に来たのだから、自分のために時間を使ったほうがいいと思うからです。旅行中、ずっと誰に何を買おうと考えている人は少なくないかもしれませんが、プレゼントは何もお土産でなくてもよくて、記念日に渡せばいいですよね。旅のお土産は自分のために買いましょう！

Journey

旅は自分のために使う時間

162ページで旅は長いほうがいいとお伝えしましたが、長いと自分と向き合う時間が確保できるのもいいところです。明日の予定を考えるだけで精一杯だったり、動き回ってへとへとになったりするような余裕のない旅では、この時間は作れません。

自宅にいても自分と向き合う時間は作れますが、たとえ時間ができたとしても、つい家のことや仕事をしてしまいがちです。私もスマホを置いてなるべく思考の時間を作ろうとはしていますが、いろいろ目についてしまって、つい動いてしまうんですよね。旅に出ると、こうしたことから解放されるので、時間がたっぷりできます。そうすると、必然的に思考が巡るので、それが自分を見つめ直す時間になります。自分のこれからを考えたり、もやもやしていたことの原因を深く考えたり、幸せノートを書いたりして自分と向き合うと、いろいろなもやもやが整理されます。実は心配するほどのことではなかったと思えたり、不安の原因が見えてきたりもします。トータルで見ると私って幸せだなと、自分の現状に感謝できるきっかけにもなります。

毎日生活をしていると、原因がはっきりしないけれど何か腑に落ちず、もやもや気分になることがありますよね？　これを放置するとネガティブ感情がたまって不安が増殖しますし、もやもやも続くばかりです。旅は私にとってそういうことから逃げずにしっかり向き合う時間、自分自身をリセットする時間ともいえるかもしれません。

おわりに

読み終わって、「なんだ簡単なことばかりじゃないか！」って思った方も多いかと思いますが、そうなんです！　こんな簡単なことで人生は、驚くほど幸せに豊かになるのです。

1：まずは人生の大部分を過ごす場所の「家」を整え、キッチン、リビング、ベットルームをただの生活の場所としてではなく、自分自身がわくわくして過ごせる場所にしてみてください。

2：リセット習慣を身につけて、きれいにキープすることができるようになって、日々の「やらなきゃ！」ストレスから解放されてください。

3：キャンドルや花など、わくわくする小物を生活に取り入れて、息をすることと同じように自然に扱えるようになってください。

4：家の中だけでなく、旅やイベントなど、定期的にわくわくする喜びを自分のために計画してあげてください。

がんばりすぎなくていいのです。まずは「ちょっと」のことからはじめてみてください。今日も明日もちょっとずつでいいのです。そのちょっとの努力で1年後の家、自分、家族、ライフスタイルが大きく変わるはずです。

そして、「あとで」と「いつか」をやめてみてください。あと回しにしても、そのこと自体はなくならないので、どうせやるのなら「今」やる習慣をつけてみてください。「あとで」をやめて「今」が多くなるほど快適度と幸せ度は上がると信じています。

いつか旅行に行きたいなら、今から計画を立ててみてください。そうすると、実現するためにリサーチすることやお金が足りないことがわかって、「いつか」はより実現可能な計画になっていきます。もしかしたら、やっぱり行かなくていいやと思えば、それはそれで「行きたいけど行けない」と思う必要がなくなって、もっと他の幸せに目が向くと思いませんか？

最後にもうひとつ、私が気をつけていることは「謙虚でいること」。これは本当に難しいことで私も常に意識してもうまくいかないことがたくさんありますが、小さな幸せセンサーの感度をよくするためには、素直に受け入れることができないと、せっかくの幸せを見逃してしまいます。なので、物事に対しても、人に対しても謙虚でいられる人になりたいと思っています。

長くなりましたが、私もまだまだ進化中。そして子ども達に手がかからなくなった今、新たな人生のステージにもわくわくを求めて「毎日がちょっと楽しく、ちょっと幸せに」なるように、明日の朝も小さな幸せを発見することからはじめたいと思います。

この本がみなさんのたくさんの「小さな幸せ」を発見するきっかけになったら嬉しいです。

Love Wako

Wako

1979年生まれ　3児の母。ライフスタイルプロデューサー。インテリア、食、季節のイベント、休日の過ごし方、ファッション、旅まで生活全般にわたって、自らのスタイルの原点でありアイディアの源となる家を主軸に「毎日をちょっと楽しく、ちょっと幸せに」するアイディアを提唱し続ける。プロデュース、コーディネートやコンサルティングなどを通して「豊かなお家時間」を提案。著書に『Wako's Room ～Enjoy the little things every day!～』（光文社）がある。

人《じん》生《せい》が豊《ゆた》かになる感《かん》性《せい》の育《そだ》て方《かた》

2024年9月25日　初版第1刷発行

デザイン　chichols
イラスト　酒井真織
編集協力　荒巻洋子

発行人　永田和泉
発行所　株式会社イースト・プレス
〒101-0051
東京都千代田区神田神保町2-4-7　久月神田ビル
Tel:03-5213-4700 Fax:03-5213-4701
https://www.eastpress.co.jp

印刷所　中央精版印刷株式会社

ISBN 978-4-7816-2387-0